1 Inhalt

1 Inhalt 1
2 Einleitung 5
3 Überblick Programstruktur und Aufbau 11
   3.1 Darstellung der Multifunktionsleisten und Registerkarten 13
      3.1.1 Registerkarte Datei 13
      3.1.2 Registerkarte Vorgang 15
      3.1.3 Registerkarte Ressource 15
      3.1.4 Registerkarte Bericht 17
      3.1.5 Registerkarte Projekt 17
      3.1.6 Registerkarte Ansicht 19
      3.1.7 Registerkarte Format 19
4 Anlegen eines neuen Projektes 21
5 Vorgangsplanung 27
   5.1 Manuelle Planung/Automatische Planung 29
   5.2 Erfassen von Vorgängen 33
   5.3 Verknüpfungen von Vorgängen 35
      5.3.1 Besonderheiten bei der Vorgangsverknüpfung 39
   5.4 Vorgänge strukturieren 41
      5.4.1 Sammelvorgang zu Beginn des Projektes erstellen 41
      5.4.2 Top-Down Sammelvorgangsplanung 47
   5.5 Vorgangseinschränkungen 49
      5.5.1 Stichtag festlegen 49
   5.6 Vorgangsnotizen 53
   5.7 Meilensteine planen/anlegen 55
   5.8 Zeitachse 57
   5.9 Kritischer Pfad 61
      5.9.1 Pufferzeiten 65
6 Tabellen 69
   6.1 Standardtabellen 69
   6.2 Weitere Tabellen 71

7 Ressourcenplanung 73
7.1 Ressourceneinsatz planen 73
7.2 Projektbezogen Ressourcen erfassen und verwalten 75
7.2.1 Ressourcen Vorgängen zuordnen 83
7.2.2 Ansicht Ressource Einsatz 85
7.2.3 Vorgangsarten und Leistungssteuerung 87
7.3 Teamplaner 99
7.4 Kapazitätsabgleich 101
7.4.1 automatischer Kapazitätsabgleich 101
7.4.2 Manueller Abgleich 103

8 Kostenmanagement 109
8.1 Kostenarten 109
8.2 Budget-Verfolgung 119

9 Projekt-/Vorgangsansichten 125
9.1 Filterfunktionen 125
9.2 Gruppieren 127
9.3 Hervorheben des Zellenhintergrunds 129

10 Projektkontrolle/-überwachung 131
10.1 Basisplan speichern 131
10.1.1 Soll festhalten (Basisplan speichern) 131
10.1.2 Plan- und Ist-Werte tabellarisch vergleichen 133
10.1.3 Plan- und Ist-Werte grafisch vergleichen 135
10.1.4 Basisplan „korrigieren" / löschen 137
10.2 Projektfortschreibung 139
10.3 Überwachungsinformationen auswerten 141

11 Benutzerdefinierte Felder 143
11.1 Nachschlagefelder 143

12 Multiprojektmanagement 149
12.1 Unterprojekte/Teilprojekte 151
12.2 Ressourcenpool erstellen 155
12.3 Projektportfolio/Übersicht 157

13 Berichte und grafische Auswertungen 159
13.1 Grafische Berichte 159
13.2 Übersicht grafische Berichte 161
13.2.1 Kategorie "Vorgang: Einsatz" 161
13.2.2 Kategorie "Ressource: Einsatz" 161
13.2.3 Kategorie "Zuordnungseinsatz" 163
13.2.4 Kategorien "Vorgangs-, "Ressourcen- Zuordnung 165
13.3 Berichte direkt aus Microsoft Project 169

14 Anlagen 173
14.1 Zusammenarbeit mit anderen Office-Programmen 173
14.2 Earned Value Analyse mit Microsoft Project 175
14.3 Vollständige Liste aller verfügbaren Felder in Microsoft Project 179
14.4 Grundeinstellungen 179
14.4.1 Standards bei der Namensgebung 179
14.4.2 Standards für Sammelvorgänge 179
14.4.3 Standards für Meilensteine 181
14.4.4 Standards für Vorgänge 181
14.5 Buchempfehlungen 183
14.6 Glossar 186

15 Index 198

Notizen, Anmerkungen:

2 Einleitung

Die aktuelle Version Microsoft Project 2016 stellt auch im „stand alone" Modus (ohne Project-Server Anbindung) umfangreiche Projektplanungsmöglichkeiten zur Verfügung. Folgende Microsoft Project Versionen sind verfügbar:

Funktion	Project Standard 2016	Project Professional 2016	Project Pro für Office 365
Schneller Start neuer Projekte	☑	☑	☑
Projektverfolgung zum proaktiven erkennen von kritischen Pfaden	☑	☑	☑
Schnelles Erstellen und Auffinden von Berichten	☑	☑	☑
Zusätzliche Apps aus dem Office Store	☑	☑	☑
Einfache Ressourcenverwaltung	☒	☑	☑
Anruf oder Sofortnachricht an Teammitglieder aus Project (erfordert Lync Server)	☒	☑	☑
Zusammenarbeit mit Anderen von fast jedem Ort (erfordert SharePoint und Project Server)	☒	☑	☑
Wachstumsmöglichkeiten	☒	☑	☑
Einsatz der neuesten Project Version	mit Software-Assurance	mit Software-Assurance	automatisch
Zugriff von fast überall	☒	☒	☑

Die Standard Version lässt sich NICHT updaten, von daher ist der unwesentlich höhere Preis der Professional Version empfehlenswert, um bei Bedarf auch eine Microsoft Project Server Lösung zu ermöglichen.

Notizen, Anmerkungen:

Die Unterlage beschreibt die Project 2016 Professional Version, die neben einer möglichen Microsoft Project-Server Anbindung folgende **zusätzliche** Funktionen gegenüber der Version Project 2013 bereitstellt:

- Darstellung mehrerer Zeitachsen parallel, z. B. Sammelvorgang und Detailvorgänge in 2 Zeitachsen

- „Was möchten Sie tun?", über dieses Suchfeld wird man direkt an die entsprechende Funktion/Befehl geführt

Die Zahl der Veränderungen gegenüber der 2013 Version ist eher gering, einige Änderungen gibt es noch in der aktuellen Microsoft Project-Server Version im Bereich Ressourcenplanung.

Grundsätzlich entspricht die Oberfläche der aktuellen Microsoft-Office Version, d. h. Menüs und Symbolleisten werden durch die Multifunktionsleiste/das Menüband ersetzt und auf den nächsten Seiten detailliert beschrieben.

Notizen, Anmerkungen:

Die einzelnen Aktivitäten des Projektmanagements können von Microsoft Project über alle Planungsschritte unterstützend eingesetzt werden.

- Eine grobe Meilensteinplanung definiert das gesamte Projekt und die Laufzeit

- Mittels der Gliederungsfunktion lassen sich Arbeitspakte strukturieren

- Pro Arbeitspaket wird die Dauer und Arbeit (Ressourcen) bestimmt

- Durch die Vorgangsbeziehungen mit Vorgänger und Nachfolger entsteht der Aktivitätenzeitplan

- Auf Grundlage der zugewiesenen Ressourcen (Arbeit und/oder Material) wird ein detaillierter Kostenplan aufgestellt

- Die Funktion „Basisplan speichern" erlaubt einen permanenten Soll/Ist-Vergleich mit der Planungsbaseline

Notizen, Anmerkungen:

3 ÜBERBLICK PROGRAMMSTRUKTUR UND AUFBAU

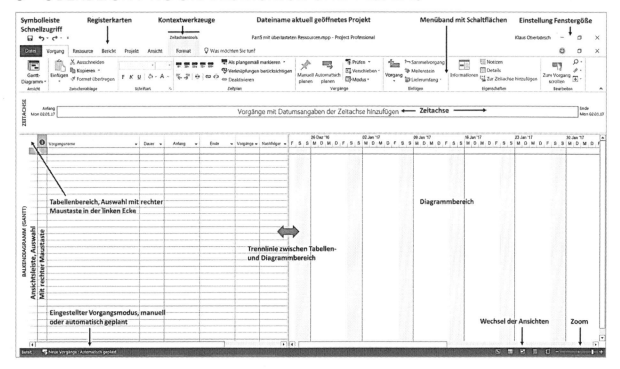

Mit der linken Maustaste kann die Trennlinie (Ansichtsbereich) zwischen Tabelle und Diagrammbereich beliebig angepasst werden. Die Befehlsgruppen der einzelnen Registerkarten werden nachfolgend beschrieben.

Über die Symbolleiste Schnellzugriff können auf wichtige und oft benutzte Funktionen direkt zugegriffen werden. Über **„Schnellzugriff anpassen"** lassen sich fast alle Funktionen integrieren.

Notizen, Anmerkungen:

3.1 Darstellung der Multifunktionsleisten und Registerkarten

3.1.1 Registerkarte Datei

Hier finden sich im Wesentlichen alle zentralen Befehle wie Speichern, Speichern unter .., Drucken und Optionen. Über diese Ansicht erfolgt auch der direkte Export in andere Programme, wie z. B. Excel und PDF.

Im „Menüpunkt Freigabe" findet man den direkten Versand der aktuellen Microsoft Project Datei per Mail oder Freigabe unter den „Sharepoint-Services".

Die wichtigsten Einstellungen im Menüpunkt „Optionen" werden später beschrieben.

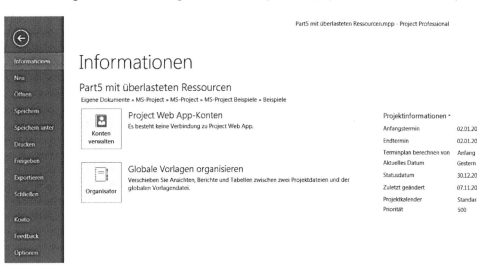

NOTIZEN, ANMERKUNGEN:

3.1.2 Registerkarte Vorgang

Über diese Registerkarte erfolgen die direkten Einstellungen zur Vorgangsplanung, im Einzelnen:

1. Ansicht (Wechsel der Ansichten zwischen Gantt-Diagramm, Netzplan, Ressourcenansichten u. a.)
2. Einfügen aus Zwischenablage
3. Schriftarten und Textformatierungen
4. Zeitplan, Fertigstellungsgrad, Vorgänge deaktivieren
5. Vorgangsmodus (Wechsel manuell und automatisch geplant)
6. Einfügeoptionen: Einfügen von Vorgängen, Sammelvorgängen, Meilensteinen
7. Eigenschaften/Vorgangsinformationen
8. Bildlauf, Suchen, Löschen

3.1.3 Registerkarte Ressource

Hier sind alle Funktionen zur Ressourcenzuweisung und Ressourcensteuerung enthalten. Im Einzelnen:

1. Teamplaner, grafische Ressourcenzuweisung
2. Zuweisungen, Ressourcen zuweisen, Ressourcenpool
3. Einfügen, Ressourcen hinzufügen
4. Eigenschaften, Ressourceneigenschaften, Details und Notizen
5. Abgleichsoptionen

NOTIZEN, ANMERKUNGEN:

3.1.4 Registerkarte Bericht

❶ ❷ ❸

Seit dieser Version ist eine komfortable Berichtsfunktion, die direkt Berichte innerhalb von Microsoft Project generiert, vorhanden. Zur Wahl stehen div. Auswertungen über Ressourcen, Kosten, Bearbeitungsstatus u. v. m. Alle Berichte können individuell angepasst werden. Weiterhin steht die Funktion „Grafische Berichte" zur Verfügung, mit dieser Exportfunktion werden Berichte in Excel oder Visio erzeugt.

1. Projekte vergleichen, verschiedenen Projektversionen vergleichen
2. Berichte anzeigen, Auswahl der verschiedenen, in Microsoft Project integrierten Berichtstypen
3. Grafische Berichte, Export nach Excel oder Visio mit vorgegeben Berichtstypen

3.1.5 Registerkarte Projekt

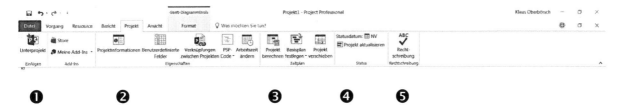

❶ ❷ ❸ ❹ ❺

Über diese Registrierkarte werden die grundsätzlichen Projektinformationen eingestellt. Im Einzelnen:

1. Unterprojekt einfügen, Multiprojektmanagement
2. Eigenschaften, Projektinformationen, benutzerdefinierte Felder, Verknüpfungen zwischen Projekten, PSP-Code, Arbeitszeit ändern
3. Zeitplan, Projekt berechnen, Basisplan festlegen, Projekt verschieben
4. Status, Projekt aktualisieren
5. Rechtschreibung, Dokumentenprüfung

Notizen, Anmerkungen:

3.1.6 Registerkarte Ansicht

Von hier können alle möglichen Ansichten ausgewählt werden, wie Netzplan, Kalender, Teamplaner. Über diese Registrierkarte wird die Zeitachse gesteuert sowie die Filter- und Gruppierfunktionen eingeschaltet. Im Einzelnen:

1. Vorgangsansichten, Auswahl der div. Ansichten, Gantt-Diagramm, Arbeitsauslastung u. a.
2. Ressourcenansichten, Teamplaner, Ressourceneinsatz
3. Daten, Sortieren, Filtern, Gruppieren
4. Zoom
5. Elemente anzeigen, Zeitachse einschalten, Details auswählen
6. Fenster
7. Makros, Makros aufzeichnen, abspielen

3.1.7 Registerkarte Format

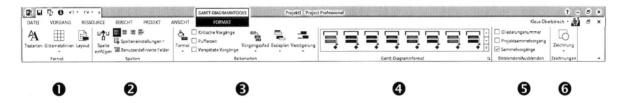

Hier stehen alle Möglichkeiten zur Verfügung, den Text und die Balken zu formatieren, wie auch das Ein- und Ausblenden der kritischen Vorgänge, Pufferzeit, Gliederungsnummer und Projektsammelvorgang.

1. Format, Formatierungen für Text, Gitternetzlinien
2. Spalten, Spalten einfügen, benutzerdefinierte Felder
3. Balkenarten, markieren von kritischen Vorgängen, Pufferzeit
4. Gant-Diagrammformat, Auswahl vorgegebener Farbschemen
5. Einblenden/Ausblenden, Gliederungsnummer und Projektsammelvorgang
6. Zeichnungen, einfaches Zeichentool

NOTIZEN, ANMERKUNGEN:

4 ANLEGEN EINES NEUEN PROJEKTES

Für den Start eines Projektes kann mit einem leeren Projekt begonnen oder über die Auswahl bereits vorgegebener Projektpläne geöffnet werden.

Über den Menüeintrag Datei / Neu werden die entsprechenden Möglichkeiten angezeigt.

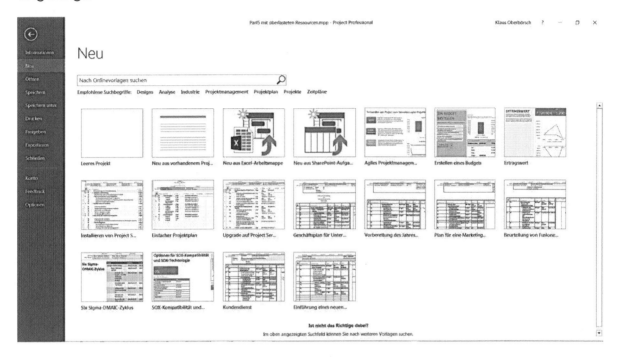

Hier stehen vordefinierte Projektpläne für verschiedenste Planungsvorhaben bereit, wie auch der Import aus einer Excel-Arbeitsmappe oder einer Sharepoint-Aufgabenliste. Weitere Projektpläne stehen über den Punkt Onlinevorlagen zur Verfügung.

NOTIZEN, ANMERKUNGEN:

Nehmen wir hier das Anlegen eines neuen Projektes. Grundsätzliche Informationen zum Projekt werden unter Projekt / Projektinformationen eingetragen.

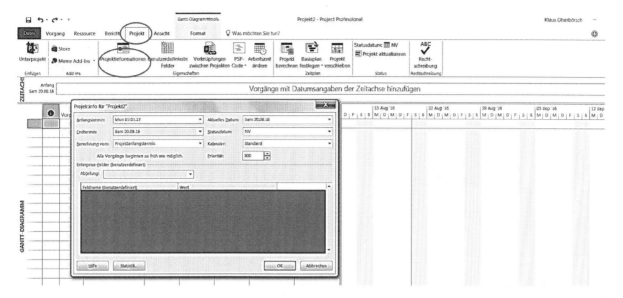

In dieser Projektinfo wird der Anfangstermin des Projektes eingetragen. Der Start des ersten Vorgangs muss **nicht** der Anfangstermin sein! Sind bereits Vorgänge eingetragen, so wird er Endtermin berechnet. Das Feld Endtermin dient aber eigentlich für den nächsten Eintrag, „Berechnung vom:".

Im Auswahlfeld **Berechnung vom** wird festgelegt, in welcher Form das Projekt berechnet werden soll. Zur Auswahl stehen **Projektanfangstermin** oder **Projektendtermin**. Diese beiden Varianten werden auch als Vorwärts- beziehungsweise Rückwärtsrechnung bezeichnet.

Der Unterschied ist, dass bei der Vorwärtsrechnung durch das gesetzte Anfangsdatum alle Vorgänge so früh wie möglich beginnen. Wird dagegen mit der Rückwärtsrechnung gearbeitet, beginnen alle Vorgänge so spät wie möglich. Die Vorwärtsrechnungsrechnung wird angewendet, wenn der Starttermin des Projektes feststeht und Sie mit Hilfe von Microsoft Project das Projektende berechnen wollen. Die Rückwärtsberechnung wird bei Projekten angewendet, die an einem bestimmten Datum beendet sein müssen (z. B. Euro-Umstellung).

Im Feld **Aktuelles Datum** wird das Systemdatum angezeigt. Stimmt dies nicht mit dem tatsächlichen Datum überein oder für Simulationen zu einem zukünftigen Zeitpunkt, kann es hier geändert werden.

Ein **Statusdatum** legen Sie erst später fest. Das Statusdatum wird dann ausgewählt, um an Stelle des aktuellen Datums zum ausgewählten Datum Berichte über Zeit, Kosten oder Leistung eines Projektes festzulegen. Solange kein Statusdatum festgelegt ist, steht im Feld **NV** (= Nicht verfügbar).

NOTIZEN, ANMERKUNGEN:

Im Feld **Kalender** wählen Sie den Basiskalender für das Projekt aus. Ein Basiskalender enthält projekttypische Arbeitszeiten und arbeitsfreie Zeiten für das Projekt. Die Einstellungen des Basiskalenders sollten noch vor Beginn der Planungen geprüft und bei Bedarf geändert werden.

Im Feld **Prioritäten** können Sie angeben, welche Priorität dieses Projekt hat. Eine solche Angabe ist bei Verwendung der Mehrprojekttechnik von Bedeutung, wenn zum Beispiel Teilprojekte in Abhängigkeit der Wichtigkeit (Priorität) verschoben werden müssen, um überlastete Ressourcen zu entlasten.

Zusätzlich wird die **Planungsart** angezeigt, im Screenshot „Alle Vorgänge fangen so früh wie möglich an", was der Standardeinstellung entspricht. Das Feld „Benutzerdefinierte Felder" ist hier nur für eine Lösung über den Microsoft Project Server relevant.

NOTIZEN, ANMERKUNGEN:

5 VORGANGSPLANUNG

Nach Anlage des Projektes geht es zu Beginn der Planung vor allem um das Erfassen und Verwalten der Projektaktivitäten. Projektaktivitäten werden in Microsoft Project als Vorgänge bezeichnet. Die zeitliche Zuordnung der Vorgänge untereinander wird als Vorgangsverknüpfung bzw. als Anordnungsbeziehung bezeichnet.

Die Vorgangsdauer bzw. Dauer ist die reine Zeitdauer, die zum Abschließen eines Vorganges erforderlich ist. Wie viel Arbeit tatsächlich in dieser Zeit geleistet wird, ist abhängig von den Ressourcen und anderen Einstellungen. Die Dauer kann in Minuten, Stunden, Tagen, Wochen oder Monaten eingegeben werden. Die festgelegte Dauer wird zum Berechnen des Anfangs- und Endtermins des Vorgangs verwendet. Die Berechnung der eigentlich zu leistenden Arbeit erfolgt erst durch das Zuordnen von Ressourcen!

Folgende Einheiten stehen zur Eingabe der Dauer zur Verfügung:

Einheit	Bedeutung	Beispiel
min	Minuten	90min
std	Stunden	36std
t	Tage	2t
w	Wochen	2w
m	Monate	1m

Wenn Sie eine andere Einheit als Tag verwenden, müssen Sie nach Eingabe der Zahl die gewünschte Einheit mit angeben.

In Microsoft Project gibt es noch eine weitere Art der Dauer: die fortlaufende Dauer. Fortlaufende Dauer bezeichnet die Zeit, die zur Erledigung eines Vorgangs benötigt wird, basierend auf einen 24-Stunden-Tag und einer 7-Tage Woche, einschließlich Feiertage und arbeitsfreie Tage. Fortlaufende Dauern werden durch das Voranstellen eines „f" bei der Eingabe definiert, also **fmin, fstd, ft, fw, fm**. Fortlaufende Dauern können bei Produktionsprozessen, z. B. Maschinen die Tag und Nacht durchlaufen, für die Planung eingesetzt werden.

NOTIZEN, ANMERKUNGEN:

5.1 Manuelle Planung/Automatische Planung

Seit der Version Microsoft Project 2010 wurde eine wichtige Änderung in Bezug auf die Projektplanung eingeführt. Durch Änderungen an Faktoren, wie den Anordnungsbeziehungen und dem Projektkalender, werden die Vorgangsdaten nicht mehr automatisch angepasst, wenn ein Vorgang **manuell** geplant wird. D. h. die Planung kann manuell erfolgen, wie z. B. eine einfache Termindarstellung in Excel ohne automatische Routinen im Hintergrund.

Diese Einstellung kann pro Vorgang erfolgen oder für das ganze Projekt. Rechte Maustaste auf die jeweilige Zeilennummer zeigt in einem Popup den Planungsmodus für den ausgewählten Vorgang an.

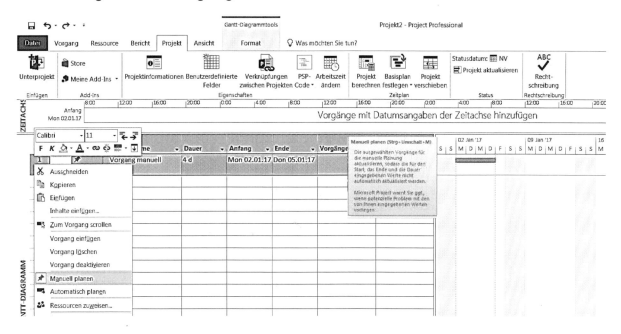

Als Hinweis auf eine manuelle Planung wird in der Spalte Vorgangsmodus eine PIN-Nadel angezeigt und der Vorgangsbalken hat eine andere Formatierung als automatisch geplante Vorgänge. Automatisch geplante Vorgänge sind in der Spalte Vorgangsmodus mit einen Vorgangsbalken und Pfeil gekennzeichnet.

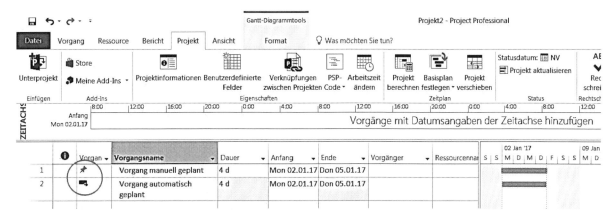

NOTIZEN, ANMERKUNGEN:

Die für das gesamte Projekt eingestellte Planungsart wird in der Statuszeile (unten links) angezeigt

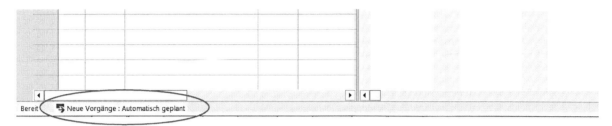

und kann im Dashboard unter „Datei / Optionen / Terminplanung" umgestellt werden, für das aktuelle Projekt oder alle **neuen** Projekte.

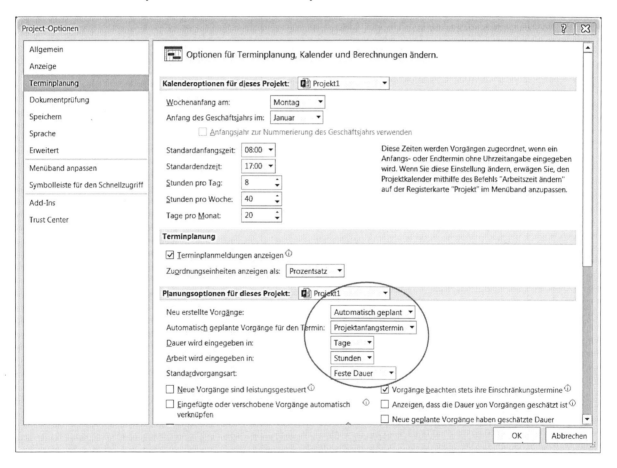

NOTIZEN, ANMERKUNGEN:

5.2 Erfassen von Vorgängen

Für die Eingabe der Vorgänge verwenden Sie bitte im Folgenden die Ansicht Gantt-Diagramm / Tabelle Eingabe (Standardansicht beim Aufruf von Microsoft Project). Falls Ihnen gerade eine andere Ansicht angezeigt wird, rufen Sie die gewünschte Ansicht über das Menü **Ansicht / Gantt-Diagramm** in Kombination mit der **Tabelle Eingabe** auf. Die Auswahl der Tabelle erfolgt am einfachsten durch Rechtsklick mit der Maustaste auf dem Schnittpunkt der Zeilen und Spalten (s. Markierung), alternativ über den Menüpunkt „**Ansicht Tabellen**".

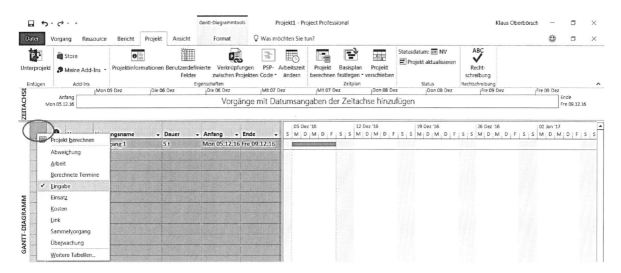

Die jeweiligen Vorgangsbezeichnungen sollten aussagekräftige Namen enthalten. Nach Eingabe des Namens kann die Dauer eingegeben werden oder der Anfangs- und Endtermin, dann wird die Dauer automatisch berechnet. Der Dauer entsprechend wird ein Balken im Kalender eingezeichnet. Wird keine Einheit mit angegeben, so trägt Microsoft Project die Dauer standardmäßig in Tagen ein, bzw. der zuletzt verwendeten Einheit.

Die Eingabe von Meilensteinen erfolgt durch die Dauer **0t**, wird aber in einem späteren Kapitel 5.7 noch detailliert beschrieben.

NOTIZEN, ANMERKUNGEN:

5.3 Verknüpfungen von Vorgängen

Anordnungsbeziehungen bzw. Vorgangsverknüpfungen spiegeln den Sachverhalt wieder, in dem die Vorgänge voneinander abhängen. Dazu setzen Sie Vorgänge zueinander in Beziehung.

Dies erfolgt in Microsoft Project, in dem Sie jedem Vorgang die Vorgänger oder Nachfolger zuordnen, die in bestimmter Weise Voraussetzung für die Erledigung sind.

- Der Vorgang, von dem ein anderer Vorgang abhängt, ist der **Vorgänger** (Predecessor) dieses Vorganges.

- Der Vorgang, dessen Anfang oder Ende von einem anderen Vorgang abhängt, heißt **Nachfolger** (Successor).

Folgende Vorgangsverknüpfungen sind in Microsoft Project darstellbar und werden auch so in allgemeinen Beschreibungen zum Thema Projektmanagement definiert:

Ende-Anfang (EA) „Normalfolge"	Vorgang B kann erst anfangen, wenn Vorgang A abgeschlossen ist.	
Anfang-Anfang (AA)	Vorgang B muss starten, wenn Vorgang A begonnen hat.	
Ende-Ende (EE)	Vorgang B muss beendet werden, wenn Vorgang A zu einem Ende gekommen ist.	
Anfang-Ende (AE) „Sprungfolge"	Wenn Vorgang A anfängt, muss Vorgang B beendet sein.	

Die Vorgangsverknüpfungen können über verschiedene Schritte durchgeführt werden. Eine Möglichkeit ist die Eingabe der eindeutigen Zeilennummer des jeweiligen Vorgangs, die Verknüpfung wird dann grafisch dargestellt. Dabei empfiehlt es sich, die Spalte „Nachfolger" mit einzublenden, so können wahlweise die Vorgänger- oder Nachfolgerbeziehungen eingetragen werden. Microsoft Project berechnet den Vor- oder Nachfolger, je nach Eingabe, **automatisch**.

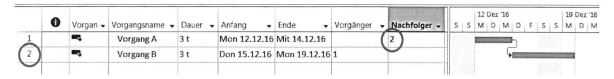

Eingabe Zeilennr.
Vorgänger **oder** Nachfolger

NOTIZEN, ANMERKUNGEN:

Eine weitere Möglichkeit ist die Verknüpfung mit der Maus. Der Cursor wird in der Mitte des Vorgangs positioniert von dem aus eine Nachfolgerbeziehung erstellt werden soll. Linke Maustaste drücken und halten, jetzt mit dem Cursor auf die Mitte des Vorgangs ziehen, mit dem eine EA Beziehung erstellt werden soll.

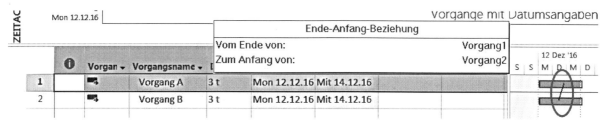

In einem Fenster wird zur Kontrolle die gewünschte Vorgangsbeziehung angezeigt. Die Felder Vorgänger und Nachfolger werden automatisch gefüllt.

Auch eine Möglichkeit die Vorgangsbeziehungen abzubilden ist, auf den Nachfolgervorgang in der jeweiligen Zeile einen Doppelklick, dann öffnet sich das Fenster „Informationen zum Vorgang", unter dem Reiter Vorgänger kann die direkte Vorgangsnummer. eingetragen werden. Alternativ kann über das drop-down Menü „Vorgangsname" der jeweilige Vorgang aussucht werden.

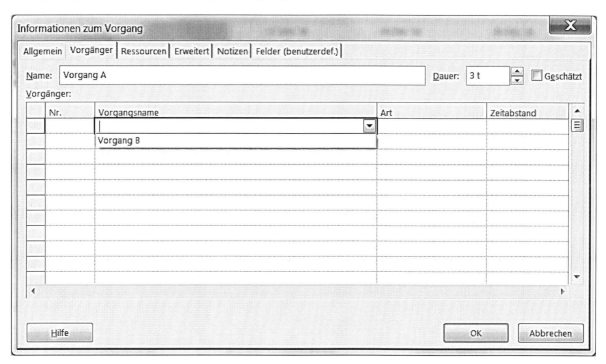

NOTIZEN, ANMERKUNGEN:

5.3.1 Besonderheiten bei der Vorgangsverknüpfung

Wenn nicht die Standardverknüpfung „Ende-Anfang" gewünscht wird, kann dies ebenfalls über den Reiter in den Vorgangsinformationen Spalte „**Art**" und „**Zeitabstand**" eingestellt werden.

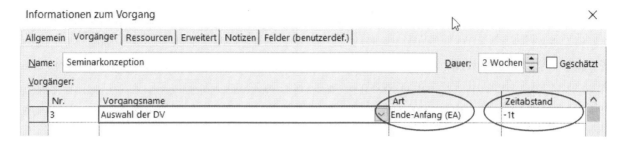

Folgende Besonderheiten sind möglich:

Spalte Vorgänger	Funktion
2	Der Vorgang kann erst nach dem Ende von Vorgang 2 beginnen.
2;3	Der Vorgang kann erst nach dem Ende von Vorgang 2 und nach dem Ende von Vorgang 3 beginnen.
2EA-1t	Einen Tag vor dem Ende von Vorgang 2 muss der Vorgang beginnen. Eintrag in der Spalte Zeitabstand.
2AA	Der Vorgang muss beginnen, wenn der Vorgang 2 anfängt.
2;3AA	Der Vorgang kann erst nach Ende von Vorgang 2 und gleichzeitig mit dem Anfang von Vorgang 3 beginnen.
5EE	Der Vorgang muss enden, wenn der Vorgang 5 endet.
3AA+3t	Der Vorgang muss 3 Tage nach dem Anfang von Vorgang 3 beginnen. Eintrag in der Spalte Zeitabstand.
4AA+40%;3EA+3t	Wenn 40% (damit dynamisch, angepasst an die tatsächliche Dauer des Vorgängers) von Vorgang 4 durchgeführt sind, muss dieser Vorgang beginnen. Außerdem muss Vorgang 3 schon 3 Tage beendet sein. Eintrag in der Spalte Zeitabstand.

Alle Arten der Vorgangsverknüpfungen können auch projektübergreifend durchgeführt werden, d. h. man kann Abhängigkeiten über Teilprojekte hinweg erstellen, Teilprojekt 2 kann erst beginnen, wenn in Teilprojekt 1 eine bestimmte Leistung erbracht wurde (Multiprojektmanagement).

NOTIZEN, ANMERKUNGEN:

5.4 Vorgänge strukturieren

Umfangreiche Projekte bestehen aus Hauptaufgaben, denen jeweils wieder Teilaufgaben zugeordnet werden. Hierdurch ergibt sich eine inhaltliche Gliederung der Projektaktivitäten. Eine solche Gliederung schafft bei großen Projekten eine bessere Übersicht.

Microsoft Project verfügt über ein Gliederungstool, mit dem Sie die inhaltliche Gliederung programmtechnisch umsetzen können. Die Phasen bzw. Zusammenfassungen von Vorgängen werden in Microsoft Project als **Sammelvorgänge** bezeichnet.

Die Eingabe von Sammelvorgängen kann bereits bei der ersten Eingabe aller Vorgänge erfolgen, aber auch nachträglich in eine Vorgangsliste eingegeben werden.

5.4.1 Sammelvorgang zu Beginn des Projektes erstellen

Der Sammelvorgang sollte einen aussagekräftigen Namen haben, um die darunter liegenden Vorgänge besser zu identifizieren bzw. zuordnen zu können. Im Beispiel nennen wir den Sammelvorgang „Anforderungsanalyse". Die Bezeichnung wird als normaler Vorgang mit eingegeben, die Dauer mit einem Tag kann erstmal so stehen bleiben.

Wichtig! Alle Vorgänge müssen auf „Automatische Planung" eingestellt sein. Die Dauer des Sammelvorgangs ergibt sich später aus der längsten Dauer aller darunter liegenden Vorgänge.

Wenn alle zum Thema „Anforderungsanalyse" gehörenden Aktivitäten eingegeben sind, werden diese markiert, linke Maustaste auf die entsprechenden Zeilennummer und mit gedrückter Maustaste die gewünschten Zeilen markieren, alternativ mit der STRG-Taste die jeweiligen Zeilen markieren.

NOTIZEN, ANMERKUNGEN:

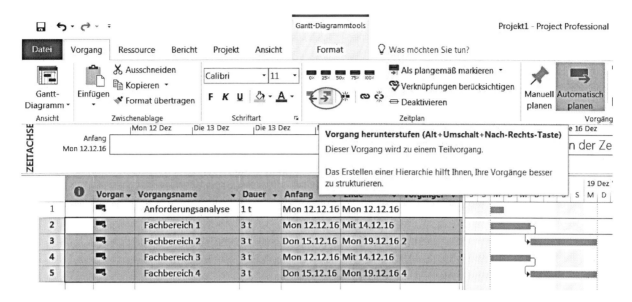

Anschließend unter dem Menüpunkt den grünen Pfeil nach rechts anklicken, „Vorgang herunterstufen". Die markierten Vorgänge werden nach rechts eingerückt und der Sammelvorgang nimmt jetzt die Dauer der längsten Vorgangskette innerhalb des Sammelvorgangs ein.

Mit einem Mausklick auf das kleine Dreieck vor dem Sammelvorgang können die Detailvorgänge ein- bzw. ausgeblendet werden. Dieses Herunterstufen kann auch noch für weitere Gliederungsstufen eingesetzt werden.

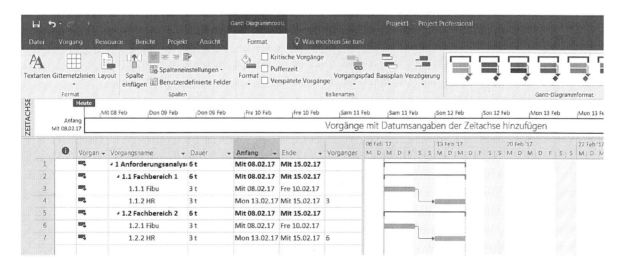

NOTIZEN, ANMERKUNGEN:

Um bei umfangreichen Gliederungen nicht den Überblick zu verlieren, empfiehlt es sich, die Gliederungsnummer des jeweiligen Vorganges mit anzuzeigen, im Menüpunkt „Format", rechts einen Haken unter Gliederungsnummer setzen.

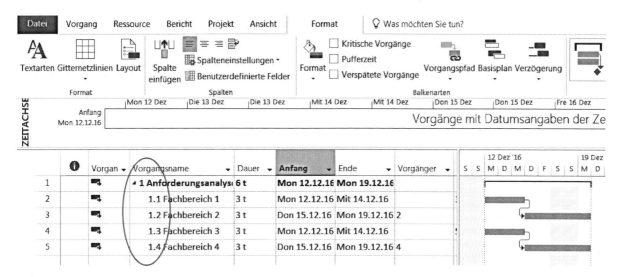

Alternativ kann man die Gliederungsnummer auch in einer separaten Spalte anzeigen. Den Spaltenkopf dort markieren wo die Gliederungsnummer erscheinen soll, rechte Maustaste, Spalte einfügen und dann das Feld „Gliederungsnummer" oder „PSP-Code" auswählen.

Notizen, Anmerkungen:

5.4.2 Top-Down Sammelvorgangsplanung

Die Möglichkeiten der Projektplanung sind nicht mehr darauf beschränkt, Teilvorgänge zu erstellen und dann in Sammelvorgängen darzustellen. Seit der Version Microsoft Project 2010 können jetzt zuerst Sammelvorgänge mit Datumsangaben erstellt werden, die mit den Daten der Teilvorgänge nicht exakt übereinstimmen müssen.

	❶	Vorgan	Vorgangsname	Dauer	Anfang	Ende
1			⁴ Anforderungsanalyse	11 t	Mon 12.12.16	Mon 26.12.16
2			Fachbereich 1	3 t	Mon 12.12.16	Mit 14.12.16
3			Fachbereich 2	3 t	Don 15.12.16	Mon 19.12.16
4			Fachbereich 3	3 t	Mon 12.12.16	Mit 14.12.16
5			Fachbereich 4	3 t	Don 15.12.16	Mon 19.12.16

Am Beginn der Planungsphase verfügt man möglicherweise lediglich über einige übergeordnete Informationen zu den wichtigsten Lieferumfängen und Meilensteinen des Projektes. Die „Grobplanung" wird im Sammelvorgang angezeigt, im Vergleich aber auch die effektive Zeitdarstellung der zugehörigen Teilvorgänge. Dazu wird der Vorgang nach Angabe von Anfang und Ende oder Dauer als Sammelvorgang gekennzeichnet, am einfachsten über den Menüpunkt Format und dann die Funktion „Sammelvorgang" anklicken. Wichtig! Der Vorgang muss als „manuell geplant" eingetragen werden.

Hier liegt die addierte „echte" Dauer der einzelnen Vorgänge unter der Grobschätzung der Anforderungsanalyse. Ein so definierter Sammelvorgang passt sich nach Einschalten der automatischen Planung der effektiven Zeitdauer der darunter liegenden Vorgänge an.

NOTIZEN, ANMERKUNGEN:

5.5 VORGANGSEINSCHRÄNKUNGEN

Sie können Vorgänge mit Hilfe von Vorgangseinschränkungen an definierte Termine binden. Solche Einschränkungstermine werden z. B. in den folgenden Situationen angewandt:

- bei Meilensteinen, die zu einem festgelegten Termin erreicht sein sollen.
- bei sachlichen Begründungen für eine Einschränkung, z. B. Veranstaltungstermine innerhalb eines Projektes, die fix sind oder bei Straßenbauarbeiten, die vor dem Winter fertig sein müssen.

5.5.1 STICHTAG FESTLEGEN

Eine Möglichkeit der Kennzeichnung von Einschränkungen bzw. Terminwarnungen besteht in einer visuellen Darstellung eines Termins als **Stichtag**. Die Einschränkung wird durch ein Symbol in der Indikatorenspalte angezeigt.

Verzögert sich der Vorgang, so dass das Ende über den Stichtag hinaus verschoben wird, erscheint in der Indikatorenspalte ein Hinweis.

1. Doppelklick auf den Vorgang oder Symbol im Menüband, dem Sie einen Einschränkungstermin zuordnen möchten
2. Im Fenster Informationen zum Vorgang zur Registerkarte **Erweitert** wechseln.
3. Wählen Sie aus der Liste der **Einschränkungsarten** die gewünschte Einschränkungsart aus
4. Geben Sie das Datum für die Einschränkung in dem Feld **Stichtag** ein.
5. Unter Einschränkungsart „Muss enden am" auswählen, ok
6. Die Meldung des Planungsassistenten mit Fortfahren aktualisieren
7. Klicken Sie auf **OK**.

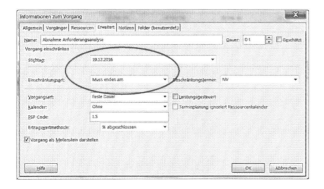
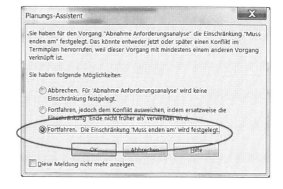

NOTIZEN, ANMERKUNGEN:

Die Einschränkung wird durch ein Symbol in der Indikatorenspalte angezeigt, der festgelegte Stichtag wird durch einen grünen Pfeil an dem Vorgang (hier Meilenstein) angezeigt.

Verlängern sich nun die vorgelagerten Vorgänge (Vorgang Nr. 5 hat sich von 2 auf 5 Tage verlängert), so dass der Meilenstein auch auf einen späteren Termin rückt, dann bleibt der grüne Pfeil für die Kennzeichnung des Stichtags auf dem ursprünglichen Datum stehen und der aktuelle Termin wird rechts daneben angezeigt. Weiterhin erschein ein Hinweis in der Indikatorenspalte mit Angabe des Datums zum Stichtag.

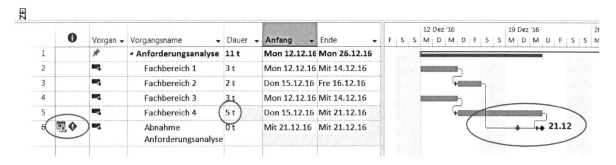

NOTIZEN, ANMERKUNGEN:

5.6 Vorgangsnotizen

Zu jedem Vorgang können individuelle Notizen erfasst werden, die dann in der Microsoft Project Datei mit abgespeichert werden. So können Informationen mit erfasst werden ohne weitere Tools wie Word o. ä. zu nutzen.

Die Eingabe erfolgt über einen Doppelklick auf den jeweiligen Vorgang. In dem sich dann öffnenden Fenster den Reiter „Notizen" auswählen. Die Verknüpfung mit Objekten aus anderen Anwendungen (z. B. Powerpoint) ist ebenfalls möglich

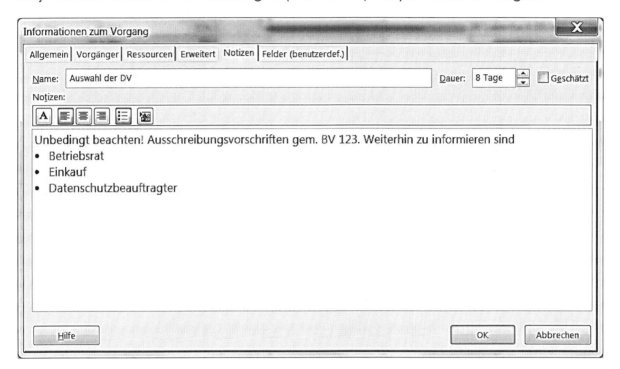

Eine Info über gespeicherte Notizen werden in der Indikatorenspalte mit einem Post-It angezeigt. Bewegt man den Mauszeiger auf das jeweilige Post-It, werden Teile der Notizen angezeigt. Alternativ kann auch das Feld „Notizen" in der jeweiligen Tabelle eingefügt werden.

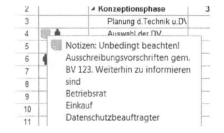

Für Informationen, die später für Gruppierungen oder Filterfunktionen benutzt werden sollen (z. B. Verantwortlicher, Kostenstelle), empfiehlt sich jedoch die Anwendung von benutzerdefinierten Feldern wie unter Punkt „Benutzerdefinierte Felder" im Kapitel 11 beschrieben.

NOTIZEN, ANMERKUNGEN:

5.7 MEILENSTEINE PLANEN/ANLEGEN

Ein Meilenstein ist ein Termin/Datum/Stichtag der Projektplanung, ein besonderer Zeitpunkt, zu dem ein wesentliches Zwischenergebnis erreicht sein wird. Ein Meilenstein kann erst überschritten werden, wenn die vorher formulierten Meilensteinanforderungen auch tatsächlich erfüllt wurden. Die wichtigsten Meilensteine sind z. B. die Übergänge von einer Projektphase zur nächsten.

Um einen Meilenstein in Microsoft Project darzustellen, muss die Dauer mit „0" eingegeben werden. Alternativ kann über die Vorgangsinformationen ein Vorgang als Meilenstein definiert werden. Die Darstellung erfolgt dann als ein auf der Spitze stehendes Quadrat. Das Datum wird standardmäßig rechts daneben angezeigt.

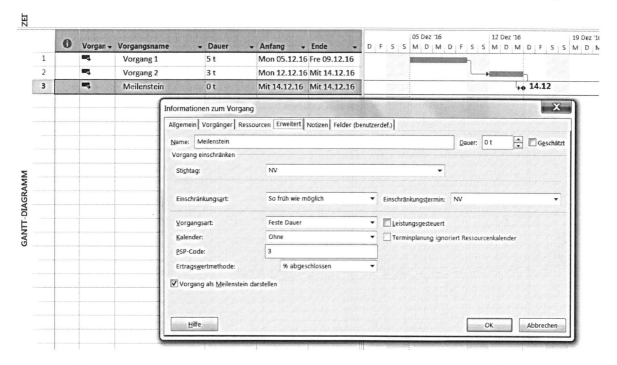

Für eine Übersicht aller Meilensteine (z. B. Meilensteintrendanalyse) kann die Filter- oder Gruppierungsfunktion eingesetzt werden.

NOTIZEN, ANMERKUNGEN:

5.8 ZEITACHSE

Die Weitergabe von Projekt Informationen an Personen, die keine installierte Microsoft Project Version haben, gestaltete sich lange als schwierig und unübersichtlich, da ein kostenloser Viewer für Microsoft Project nicht verfügbar ist.

Alternativ wurde der Projektplan in das PDF Format überführt oder ersatzweise ein Screenshot angefertigt. Beides nur suboptimal. Hier steht seit der Version Microsoft Project 2013 die Funktion „Zeitachse" zur Verfügung.

Die Zeitachse, die automatisch über andere Ansichten eingeblendet werden kann, zeigt einen genauen Überblick über den gesamten Terminplan. Der Zeitachse können Vorgänge hinzufügt werden, die Vorgänge können einzeln formatiert und die Zeitachse kann ausgedruckt werden. Wird die Zeitachse nicht automatisch eingeblendet, so kann die Funktion über den Menüpunkt „Ansicht" eingeblendet werden. Es ist auch einfach möglich, die Zeitachse in eine E-Mail einzufügen und so den Projektbeteiligten eine schnelle Übersicht zukommen zu lassen. Eine Möglichkeit die Zeitachse in eine Powerpoint-Präsentation zu übertragen, ist ebenfalls vorhanden. Über das Drop-Down Menü, dass nach markieren der Zeitachse angezeigt wird, kann die gewünschte Funktion ausgewählt werden.

In diesem Beispiel wurden die grau hinterlegten Vorgänge markiert und über die rechte Maustaste zur Zeitachse hinzugefügt. Alternativ über den Menüpunkt „Ansicht" – „Zur Zeitachse hinzufügen".

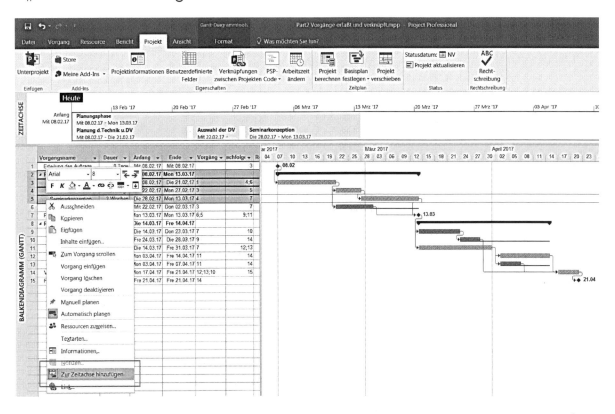

NOTIZEN, ANMERKUNGEN:

NEU in der Microsoft Project Version 2016 ist die Möglichkeit mehrere Zeitachsen einzublenden, die dann verschiedene Details des Projekts anzeigen.

In diesem Bild zeigt die erste Zeitachse einige Detailvorgängen und die 2. Zeitachse zeigt die Sammelvorgänge des gesamten Projekts.

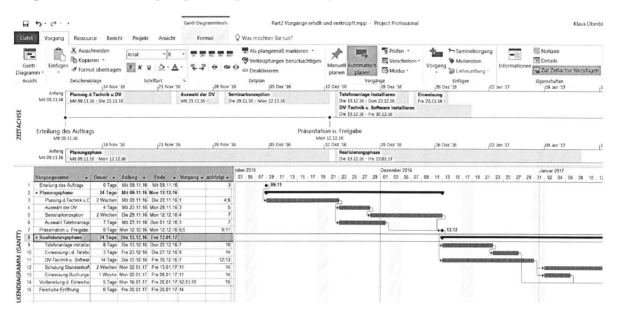

Nachdem die 1. Zeitachse definiert wurde, Rechtsklick mit der Maustaste im Anzeigebereich der Zeitachsen, dann wird folgendes Fenster angezeigt:

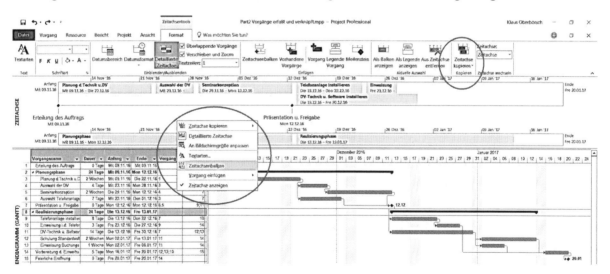

Mit „Zeitachsenbalken" wird eine zusätzliche Zeitachse erzeugt, in die dann wieder ausgewählte Vorgänge angezeigt werden.

Das gleiche Vorgehen wendet man an, um die Zeitachse zu kopieren, für E-Mail (Outlook), als Powerpointelement oder als Grafik. Alternativ steht der Befehl auch in der Menüleiste Format – Zeitachsentools zur Verfügung.

NOTIZEN, ANMERKUNGEN:

5.9 KRITISCHER PFAD

Der kritische Pfad wird im Projektmanagement wie folgt definiert:

Der kritische Pfad ist in einem Projektplan die Abfolge von Vorgängen und Meilensteinen, die die Mindestprojektdauer bestimmen. Die Vorgänge auf dem kritischen Pfad sind voneinander **abhängig** und haben **keinen zeitlichen Puffer**. Ein Projekt kann auch mehr als einen kritischen Pfad haben.

Warum ist der kritische Pfad kritisch für ein Projekt:

Zum kritischen Pfad gehören alle Vorgänge, bei denen es keine Verzögerung geben darf. Dauern die Vorgänge auf dem kritischen Pfad länger als geplant, so verlängert sich dadurch automatisch die Projektdauer. Die Gesamtpufferzeit aller Vorgänge auf dem kritischen Pfad liegt bei null. Benötigt das Projektteam für einen kritischen Vorgang beispielsweise einen Tag länger als ursprünglich vorgesehen, so dauert das gesamte Projekt dadurch automatisch einen Tag länger.

Normalerweise erfolgt die Berechnung des kritischen Pfads in Form einer Vorwärts- und Rückwärtsrechnung in einem Netzplan. Dabei wird der freie Puffer und der Gesamtpuffer errechnet. In Microsoft Project erfolgt diese Berechnung im Hintergrund automatisch.

Die Anzeige kann als Netzplan erfolgen, Auswahl über Vorgang – Ansicht, oder rechte Maustaste ganz links im Fenster auf die Anzeige „Balkendiagramm – (Gantt).

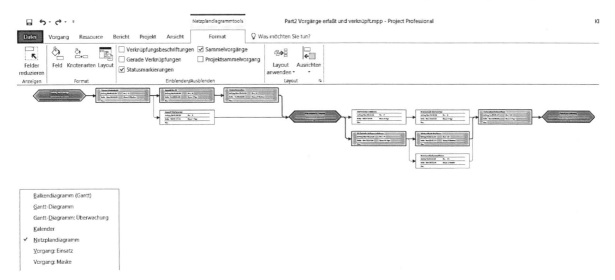

Mit dem Zoom Schieber kann der Netzplan beliebig vergrößert werden. Der kritische Pfad ist mit rot in den Netzplanknoten gekennzeichnet (hier im Screenshot grau hinterlegt). Alle Informationen in den Knoten und Formatierungen des Netzplans können unter dem Punkt „Format" individuell angepasst werden.

NOTIZEN, ANMERKUNGEN:

Alternativ kann der kritische Pfad auch im Balkendiagramm Gantt anzeigt werden. Im Menüpunkt „Format" das Auswahlfeld „Kritische Vorgänge" anklicken. Auch hier kann die Formatierung angepasst werden, z. B. für den Ausdruck in s/w.

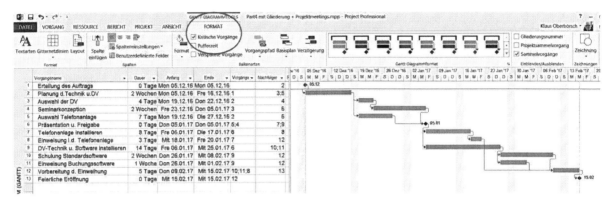

Detailinformationen zu den Vorgängen auf dem kritischen Pfad, wie früheste Anfangs- und Endzeitpunkte sowie späteste Anfangs- und Endzeitpunkte sind in Microsoft Project in einer speziellen Tabelle dargestellt. Wechseln der Tabelle über Ansicht – Tabellen, oder in der linken oberen Tabellenecke mit rechter Maustaste die Tabelle „Berechnete Termine" auswählen.

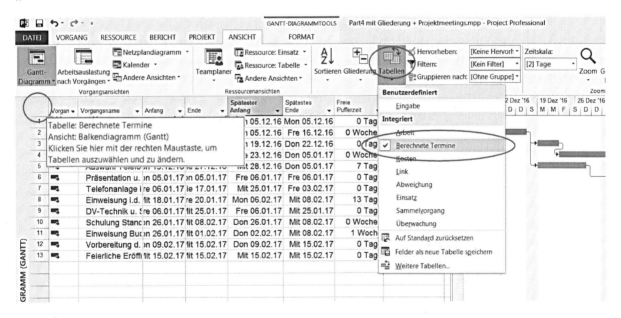

Notizen, Anmerkungen:

5.9.1 Pufferzeiten

In der Tabelle „Berechnete Termine" stehen jetzt alle Informationen des kritischen Pfads zur Verfügung. Neben den frühesten Anfangs- und Endzeitpunkten sowie spätesten Anfangs- und Endzeitpunkten der einzelnen Vorgänge, wird auch der freie und der gesamte Puffer angezeigt.

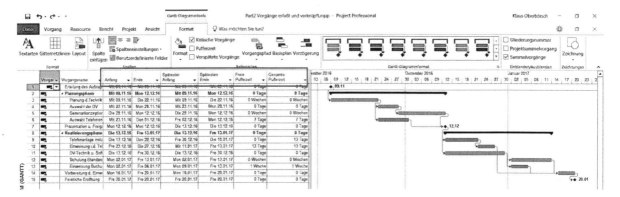

Der Puffer wird wie folgt definiert:

Die **Pufferzeit** ist ein zeitlicher Spielraum für die Ausführung eines Vorganges, die so genannte Zeitreserve. Dieser Spielraum kann durch Verschiebung des Vorganges und/oder durch Verlängerung (Dehnung) der Vorgangsdauer genutzt werden.

Aus den Angaben mehrerer Vorgaben lassen sich im Netzplan anschließend verschiedene Arten von Pufferzeit bestimmen:

Der **Gesamtpuffer** eines Vorgangs ist die Zeitspanne, die ein Vorgang gegenüber seinem frühesten Beginn (bzw. Dauer) verschoben werden kann, ohne das Projektende zu gefährden. Ein Vorgang ist kritisch, wenn sein Gesamtpuffer **gleich 0** ist.

Der **freie Puffer** ist die Zeit, die den frühestmöglichen Beginn bzw. Ende des Nachfolgers nicht gefährdet. Er kann nur entstehen, wenn mindestens zwei abgeschlossene Vorgänge auf denselben Nachfolger treffen.

NOTIZEN, ANMERKUNGEN:

Um auch optisch den Puffer im Balkendiagramm zu erkennen, wird durch markieren des Auswahlfelds „Pufferzeit" der vorhandene Puffer mit einer schwarzen Linie angezeigt.

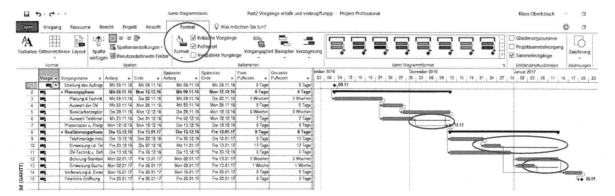

Über den Menüpunkt „Format Balkenarten" kann der Balken individuell gestaltet oder zusätzliche Beschriftungen, wie hier die freie Pufferzeit rechts am Balken, angezeigt werden.

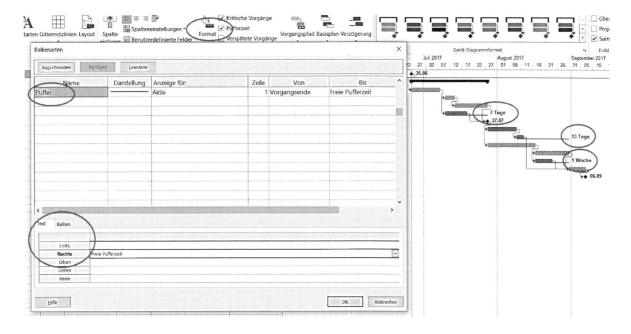

NOTIZEN, ANMERKUNGEN:

6 Tabellen

Als Tabelle wird der linke Bereich in der Ansicht Balkendiagramm bezeichnet. In einer Tabelle werden die verschiedenen Datenfelder, in denen Microsoft Project die Daten speichert, angezeigt. In den Standardtabellen sind die Datenfelder thematisch gruppiert.

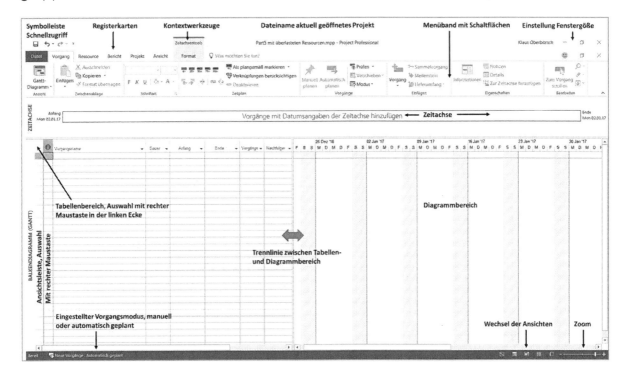

6.1 Standardtabellen

Folgende Standardtabellen sind verfügbar:

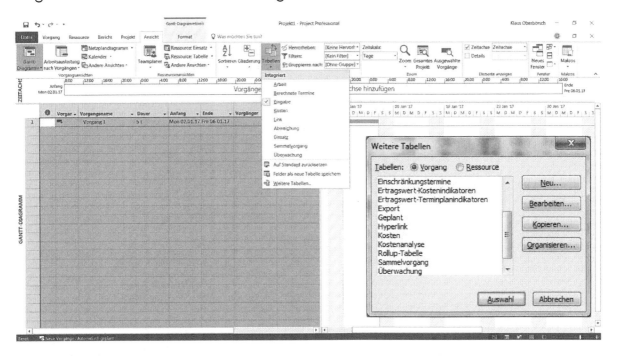

NOTIZEN, ANMERKUNGEN:

6.2 Weitere Tabellen

Unter **„Weitere Tabellen"** findet man noch eine Auswahl von Tabellen mit speziellen Informationen, die auch modifiziert (weitere Spalten, benutzerdefinierte Felder …) und unter einem eigenen Namen später abgespeichert und im Menü angezeigt werden.

Besonders für kundenspezifische Anpassungen ist die Definition von speziellen Tabellen sehr hilfreich und übersichtlich.

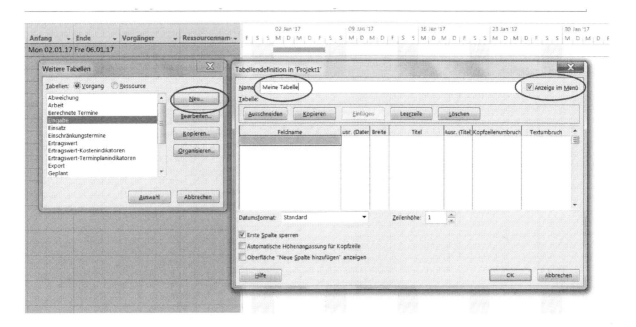

NOTIZEN, ANMERKUNGEN:

7 RESSOURCENPLANUNG

Für die Erledigung bzw. Bearbeitung von Vorgängen werden verschiedene Arten von Ressourcen eingesetzt: Personen und/oder Sachmittel. Seit der Version Microsoft Project 2007 können auch sog. Kostenressourcen Vorgängen zugeordnet werden, um Kosten, wie z. B. Reisekosten, direkt dem Vorgang zuzuordnen s.u. Pkt. 8.1

Nach Planung der Aufgaben/Vorgänge erfolgt vorgangsbezogen die Zuordnung der jeweils benötigten Ressourcen.

Die Ressourcenzuteilung (Zuordnung von Ressourcen zu Vorgängen) ermöglicht Ihnen:

- aufzuzeigen, welche Mitarbeiter wann an Aufgaben mitwirken sollen
- den Arbeits- und Kostenaufwand für den Ressourceneinsatz zu berechnen
- überlastete Ressource zu ermitteln
- freie Kapazitäten von Ressourcen anzuzeigen, um neue Aufgaben übertragen zu können

7.1 RESSOURCENEINSATZ PLANEN

Es gibt mehrere Arten, Ressourcen zu erfassen und zu verwalten:

- Projektbezogen
- Projektübergreifend (Anlage eines Ressourcenpools)
- Unternehmensübergreifend (Anlage eines Enterprise-Ressourcenpools - bei Einsatz von Microsoft Project Server und Microsoft Project Professional)

Welche Vorgehensweise für Sie die geeignete ist, ist abhängig davon, wie in Ihrem Unternehmen mit Microsoft Project gearbeitet wird.

Bei der ersten Variante (Projektbezogen) erfassen Sie alle notwendigen Informationen in einem Projektplan (d. h. in einer Datei). Dies ist zum Beispiel der Fall, wenn Sie als Projektleiter alleine mit einem Projektplan arbeiten. In diesem Falle legen Sie die Ressourcen erst in der Ressourcentabelle mit allen Informationen an und ordnen Sie dann den Vorgängen zu.

Bei der zweiten Variante (Anlage eines Ressourcenpools im Rahmen einer Multiprojektmanagementplanung) wird nicht nur ein Projekt gesteuert, sondern mehrere. Projektübergreifend kann man die Ressourcenzuordnung und -auslastung erkennen. Meist werden die Projekte sogar von unterschiedlichen Projektmanagern gesteuert. Die Ressourcen werden in solchen Fällen alle in einer Project-Datei erfasst. Jedes Projekt wird mit der Ressourcendatei verknüpft. So kann schnell erkannt werden, ob die gewünschten Ressourcen noch freie Kapazitäten haben.

NOTIZEN, ANMERKUNGEN:

Bei der dritten Variante (Anlage eines Enterprise-Ressourcenpools in der Project Server Version!) werden alle Unternehmensressourcen, seien es Mitarbeiter oder Material, in einem eigens hierfür vorgesehen Pool abgespeichert, der auch durch entsprechende Rechtevergabe Einsicht und Nutzung von Ressourcendaten geschützt werden kann.

Projektbezogen können dann Ressourcen ausgewählt und zugeordnet werden. Neben der dezidierten Rechtevergabe ist ein weiterer Vorteil, das leichtere Handling gegenüber der Variante zwei (Ressourcenpool). Die Nutzung des Enterprise-Ressourcenpool setzt eine entsprechende Installation von Microsoft Project Professional und Project Server voraus.

Im Folgenden betrachten wir die erste Variante (projektbezogen).

7.2 Projektbezogen Ressourcen erfassen und verwalten

Die Ansicht **Ressource/Tabelle** dient der Erfassung von Ressourcen. Sie rufen diese auf, in dem Sie ganz links im Fenster die rechte Maustaste anklicken. Dann werden die möglichen Ansichten angezeigt.

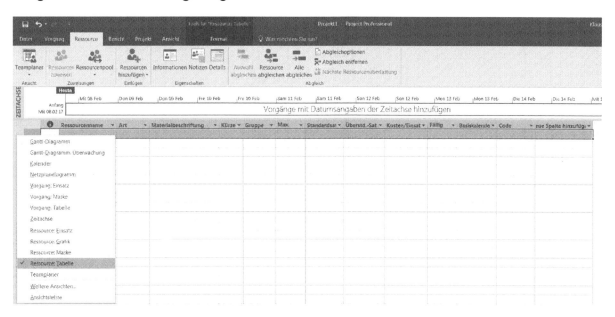

Alternativ über den Menüpunkt **Ansicht / Ressource Tabelle** wählen.

In der dann angezeigten Tabelle müssen die Ressourcen jetzt erfasst werden, alternativ Past and copy aus einer anderen Anwendung oder Exel Import.

NOTIZEN, ANMERKUNGEN:

Der Ressourcenname wird in der entsprechenden Spalte eingetragen, Aufbau Vor/Nachname entsprechend den Unternehmensrichtlinien. Die Ressourcennamen werden in verschiedenen anderen Ansichten verwendet, also Klartext oder eineindeutige Bezeichnungen sind empfohlen.

Microsoft Project kann zwischen 3 verschiedenen Ressourcenarten unterscheiden (wichtig für Auswertungen, Gruppierungen, Filter …). Klassische **Arbeitsressourcen** in Form von Personen sollten als Arbeit eingetragen werden.

Die Auswahl **Materialressourcen** bietet sich an, wenn es sich um Ressourcen handelt, die nicht unbedingt über Stunden abgerechnet werden, sondern nach Einheiten. Wie z. B. Material wie Sand, einmalige Mieten für Räume oder Maschinen, Personal das pauschal bezahlt wird.

Über **Kostenressourcen** können Kosten pro Vorgang definiert werden, wie z. B. Reisekosten, Bewirtungskosten, also Kosten die pro Vorgang unterschiedlich sein können.

Die Möglichkeiten zur Auswertung und Konsolidierung werden unter dem Punkt Kostenmanagement Kap. 8 beschrieben.

Notizen, Anmerkungen:

Die Spalte **Materialbeschriftung** dient zur Klassifizierung des jeweiligen Materials, hier können Einheitswerte wie cbm, Liter o. ä. eingetragen werden, die dann an der jeweiligen Materialressource ausgewiesen werden.

In der Spalte **Kürzel** können Namenskürzel verwendet werden, die später als Alternative für den vollständigen Ressourcennamen dienen (Balkenbeschriftungen o. ä.) Werden keine Kürzel eingetragen, so verwendet Microsoft Project automatisch den ersten Buchstaben vom Namen.

In der Spalte **Gruppe** können die Ressourcen verschiedenen Ressourcengruppen (eigene Angaben notwendig) zugeordnet werden, wie intern/extern, Abteilungen, Projektteams ... Um einen konsistenten Datenbestand zu erreichen, empfiehlt sich jedoch die Erfassung über ein benutzerdefiniertes Feld mit Auswahlmöglichkeiten, s. Kap.11.

Über die Spalte **Max. Einh.** wird die max. Verfügbarkeit der Ressource dokumentiert, im Allgemeinen wird hier mit 100% gerechnet (= volle Arbeitszeit). Ist die Person nur zur Hälfte für dieses Projekt freigestellt oder handelt es sich um eine Halbtagskraft, wird dies hier mit der Eingabe von 50% hinterlegt (im Dezimalmodus 0,5, änderbar unter Optionen).

Erfassen Sie den **Standardsatz** sowie den **Überstundensatz**, wenn eine Kostenplanung erfolgen soll. Wenn Sie eine Zahl eingeben, wird dies automatisch als Stundensatz interpretiert. Wenn Sie einen Tagessatz erfassen möchten, geben Sie ihn in der Form „Tagessatz / t" ein (Beispiel: 600€/t).

In der Spalte **Kosten/Einsatz** können einerseits einmalige Kosten für Arbeitsressourcen eingetragen werden (pauschale Reisekosten oder andere einmalige Kosten die zusätzlich zu den geleisteten Arbeitsstunden berechnet werden). Ebenfalls in diesem Feld werden die Kosten für die Kostenart „Material" eingetragen, die dann, unabhängig von den geleisteten Einheiten einmalig als Kosten pro Einsatz angerechnet werden.

Bei Bedarf erfassen Sie das Feld **Code**. Das Feld Code kann zur Erfassung der Kostenstelle verwandt werden.

Es können weitere Informationen zur Ressource im dazugehörigen Fenster **Informationen zur Ressource** erfasst werden. Sie rufen dieses Fenster über einen Doppelklick auf die Ressourcenzeile auf oder über die Schaltfläche **Informationen zur Ressource** in der Symbolleiste.

NOTIZEN, ANMERKUNGEN:

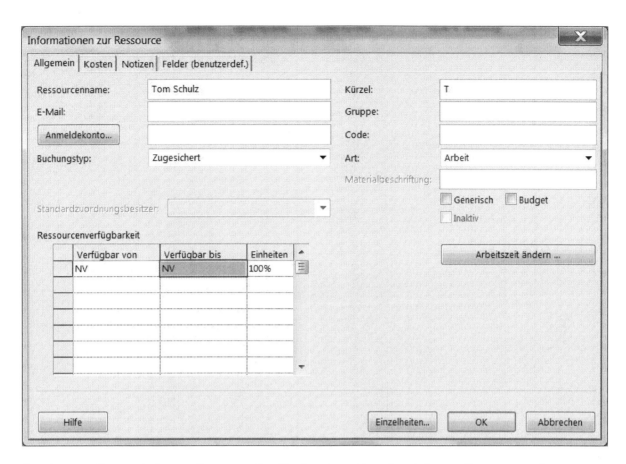

Zu den weiteren Informationen, die Sie in dem Fenster **Informationen zur Ressource** erfassen können, gehört das Feld **E-Mail**. Wenn dieses ausgefüllt wird, können Projektinformationen zwischen den Projektmitgliedern über die Arbeitsgruppenfunktion von Microsoft Project ausgetauscht werden (Voraussetzung ist ein entsprechend eingerichteter Mailserver wie Exchange o. ä.)

In diesem Fenster wird auch die **Verfügbarkeit der Ressource** eingetragen bzw. die Einschränkungen durch Urlaub o. ä. Die individuelle Arbeitszeit pro Ressource wird hier über „Arbeitszeit ändern" eingestellt, ebenso wie das Merkmal „Budget"-Ressource.

NOTIZEN, ANMERKUNGEN:

7.2.1 Ressourcen Vorgängen zuordnen

Mit der Zuordnung der Ressourcen zu einem Vorgang wird festgelegt, welche Ressource welche Aufgaben durchführt bzw. welches Material benötigt wird. Bei Bedarf wird hierbei auch festgelegt, mit wie viel Aufwand (Arbeit) die Person an dieser Aufgabe beteiligt ist oder mit welcher prozentualen Auslastung.

Für die Zuordnung der Ressourcen können unterschiedliche Wege in Microsoft Project verwandt werden. Die optimale Zuordnungsform erfolgt über **Menüpunkt Ressource / Ressource zuordnen**. Ein Fenster mit den verfügbaren Ressourcen öffnet sich, alle in der Ressourcentabelle eingepflegten Ressourcen werden hier angezeigt.

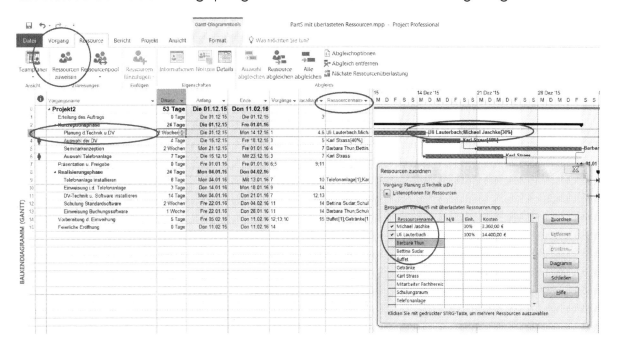

Dann wird der Vorgang, der eine Ressourcenzuordnung erhalten soll, markiert. In dem Fenster „Ressourcen zuordnen" wird jetzt die gewünschte Ressource ausgewählt, indem unter „Einh." (Einheit) der erforderliche Anteil der Ressource in % mittels drop down Auswahl eingestellt wird. Ein Mausklick in ein anderes Feld oder der Button „Zuordnen" weist die Ressource dem ausgewählten Vorgang zu. Erkennbar an den Ressourcennamen hinter dem jeweiligen Balken im Gantt-Diagramm (Werte abweichend 100% werden angezeigt, kein Prozentwert = 100% Zuordnung). Die dem Vorgang zugeordneten Ressourcen stehen immer ganz oben in der Auswahlliste Zusätzlich wird die Ressourcenzuordnung in der entsprechenden Spalte in der **„Tabelle Eingabe"** angezeigt.

Die durch die Ressourcenzuordnung entstandenen Kosten werden in der Spalte „Kosten" (**„Tabelle Kosten"**) berechnet, ebenso die entstandene Arbeit in der **„Tabelle Arbeit"**.

Notizen, Anmerkungen:

7.2.2 Ansicht Ressource Einsatz

Detaillierte Informationen zu der Ressourcenzuordnung erhält man über die Ansicht „Ressource Einsatz". Hier liegt der Fokus mit Blick von der Ressourcenseite. Jede verplante Ressource wird hier mit den jeweiligen Vorgängen im Detail angezeigt. Hier kann jetzt eine Feinplanung pro Tag vorgenommen werden, um ggf. kleine Überlastungen auszugleichen.

Setzt man noch einen Haken in das Kästchen „Details" setzen und wählt dort den Punkt „Balkendiagramm" aus, erhält man ein individuelles Balkendiagramm je nach markierter Ressource.

Über die Detailansicht „Vorgang Maske" können die Arbeitsstunden und die generelle Zuordnung zu einem Vorgang geändert werden.

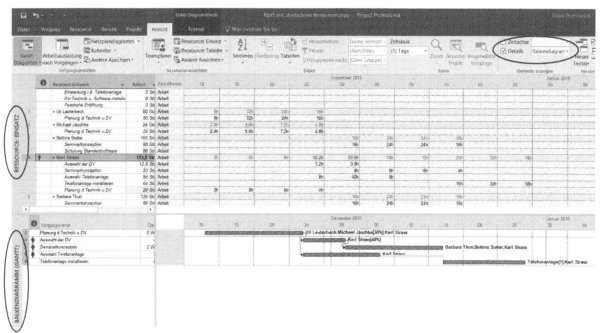

Microsoft Project lässt die Zuordnung von Ressourcen zu neuen Vorgängen stets zu, auch wenn die Ressourcen bereits überlastet sind oder durch die neue Zuordnung Überlastungen eintreten. Microsoft Project zeigt bei Kapazitätsüberschreitungen der Ressourcen jedoch an, wo die Überlastungen liegen, so dass Sie Änderungen der Zuordnungen vornehmen können. Alternativ können Sie auch die Funktion Kapazitätsabgleich nutzen. Der Kapazitätsabgleich bewirkt eine zeitliche Verschiebung von Vorgängen unter Berücksichtigung der Nebenbedingungen (z. B. Prioritäten), so dass Ressourcen entlastet werden.

Notizen, Anmerkungen:

Bei der Zuordnung von Ressourcen in Microsoft Project ist zu unterscheiden zwischen der ersten Zuordnung von Ressourcen zu einem Vorgang und den späteren Zuordnungen. Falls einem Vorgang noch keine Ressourcen zugeordnet sind, errechnet Microsoft Project bei der ersten Zuordnung der Ressourcen stets den Gesamtaufwand nach folgender Formel:

$$\textbf{Arbeit = Dauer * Einheiten * 8 Stunden/Tag}$$

Bei weiteren Ressourcenzuordnungen (oder Wegnahmen) sind die Veränderungen bei Dauer und Arbeit abhängig von den definierten Vorgangsarten sowie der Eigenschaft Leistungssteuerung (mehr Erläuterungen dazu im nächsten Unterkapitel - Vorgangsarten).

Vorgangsarten sowie auch Leistungssteuerung spiegeln unterschiedliche situative Arbeitsweisen wieder. Beispiele: Wenn bei einem Produktiv-Vorgang, wie zum Beispiel Mauern ein weiterer Maurer hinzukommt, bleibt im Allgemeinen der Arbeitsaufwand gleich und die Dauer für den Vorgang verkürzt sich. Wenn bei einem 5tägigen Software-Test ein weiterer Tester hinzugenommen wird, wird meist die Qualität besser, weil mit mehr Aufwand ein qualitativ besseres Ergebnis erreicht wird. Die Dauer bleibt folglich gleich, der Gesamtaufwand erhöht sich demzufolge.

7.2.3 VORGANGSARTEN UND LEISTUNGSSTEUERUNG

Vorgangsarten und Leistungssteuerung definieren, wie bei Veränderung einer der Parameter Dauer, Arbeit oder Ressourceneinheit, sich die anderen Parameter verändern. Die Veränderungen sind situativ. Eine Veränderung der Vorgangsart zu einem Vorgang kann daher mehrfach im Projekt notwendig werden.

Es gibt drei Vorgangsarten in Microsoft Project:

- Feste Einheiten
- Feste Dauer
- Feste Arbeit

In der Standardeinstellung von Microsoft Project werden neue Vorgänge auf die Vorgangsart **Feste Einheiten leistungsgesteuert** eingestellt. Die aktuelle Voreinstellung ist abhängig von den Vorgaben in der global.mpt, unter **Extras / Optionen / Terminplan zu** erkennen und anzupassen.

NOTIZEN, ANMERKUNGEN:

Feste Einheiten, leistungsgesteuert

Einem Vorgang sind bereits Ressourcen zugeordnet. Nun wird eine weitere Ressource zugeordnet. Der prozentuale Anteil der Zuordnung zum Vorgang bleibt unverändert. Die Dauer des Vorganges verringert sich entsprechend.

Beispiel:

Um ein Benutzerhandbuch zu erstellen, benötigen zwei Mitarbeiter mit voller Arbeitskraft (100%) 9 Tage. Nach der Formel für Arbeit ergibt sich hieraus:

9 Tagen Dauer x 200% Einheiten x 8 Std./Tag = 144 Stunden Arbeit

Jeder Mitarbeiter arbeitet folglich 72 Stunden.

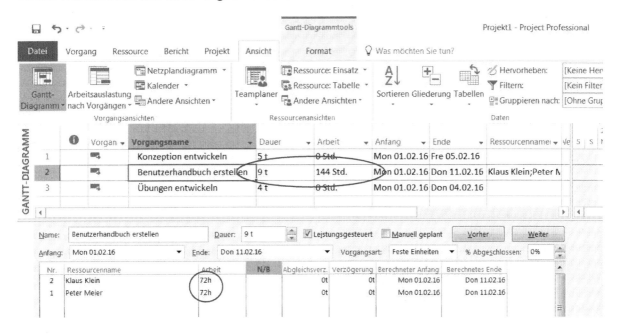

Wird ein weiterer Mitarbeiter zusätzlich hinzugefügt, werden diese Stunden Arbeit auf alle drei prozentual verteilt. Jeder arbeitet mit 100% seiner Arbeitskraft nur noch 48 Stunden daran. Die Arbeit wird in 6 Tagen erledigt sein.

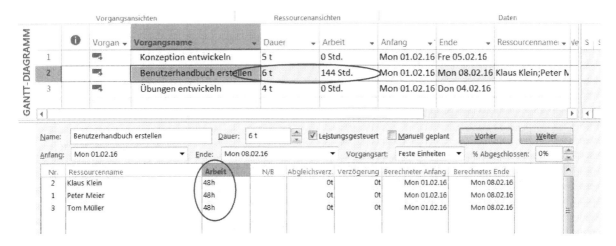

NOTIZEN, ANMERKUNGEN:

Feste Einheiten, nicht leistungsgesteuert

Es kann in einem Projekt auch Situationen geben, die einerseits zur Kategorie „Feste Einheit" gehören, jedoch nicht leistungsgesteuert sind.

Beispiel:

Sie haben zu einer besonderen Problematik eine Expertenrunde geplant. Bei der Zuordnung eines weiteren Experten wird die Problematik noch gründlicher erörtert und andere Aspekte betrachtet, jedoch verkürzt sich hierdurch nicht die Dauer. Natürlich erhöht sich durch die Zunahme des weiteren Experten der Aufwand.

Das Deaktivieren oder Aktiveren der Leistungssteuerung kann, wie in dem folgenden Szenario beschrieben, auch vorübergehend notwendig werden.

Wenn in dem obigen Beispiel zur Handbucherstellung zu den drei Mitarbeitern ein Koordinator mit einem Viertel der vollen Arbeitszeit zugewiesen wird, dann führt dieser zwar auch Arbeiten aus, unterstützt die beiden Mitarbeiter aber nicht direkt in ihren Arbeiten. Daher sollte vor der Zuordnung des Koordinators die Funktion „Leistungsgesteuert" deaktiviert werden. Microsoft Project rechnet jetzt den Arbeitsumfang des Koordinators hinzu, so dass der Gesamtarbeitsumfang sich um 12 Stunden erhöht. Die Vorgangsdauer bleibt unverändert auf 6 Tagen.

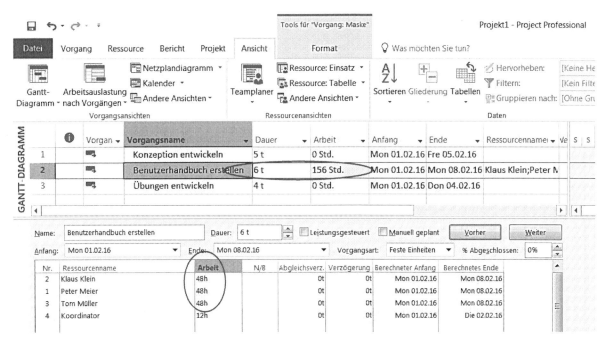

Notizen, Anmerkungen:

Feste Dauer, leistungsgesteuert

Bei der Einstellung feste Dauer bleibt die Dauer des Vorgangs unverändert, Sie können die Einheiten des Vorgangs oder den Aufwand (Arbeit) ändern. Der jeweils andere Wert wird dann neu berechnet.

Beispiel:

Drei Mitarbeiter testen zwei Tage lang eine neue Software nach vorgegebenen Testszenarien. Die Dauer ist als fester Zeitraum definiert.

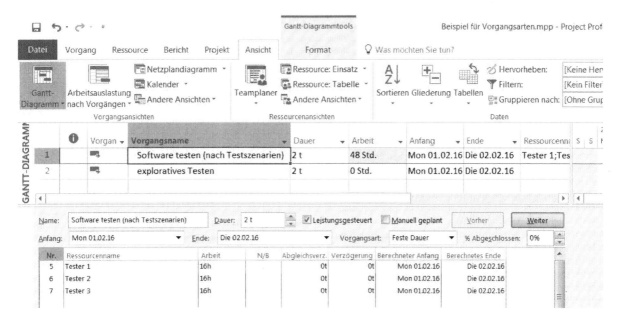

Kommt ein weiterer Mitarbeiter als Tester hinzu, dauert der Test aufgrund der definierten Dauer immer noch zwei Tage, jedoch sind die Tester in den beiden Tagen nicht mehr voll ausgelastet, da die Testszenarien eher abgearbeitet sind.

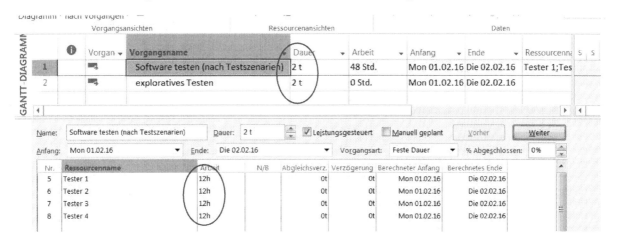

Notizen, Anmerkungen:

Würde es sich bei dem Softwaretesten nicht um ein Testen nach Testszenarien handeln, sondern um ein freies Testen, würde bei der Hinzunahme eines weiteren Testers die Qualität des Ergebnisses besser werden. Der Arbeitsaufwand würde sich dann erhöhen, da die Testdauer nach wie vor für alle Tester zwei volle Arbeitstage umfasst.

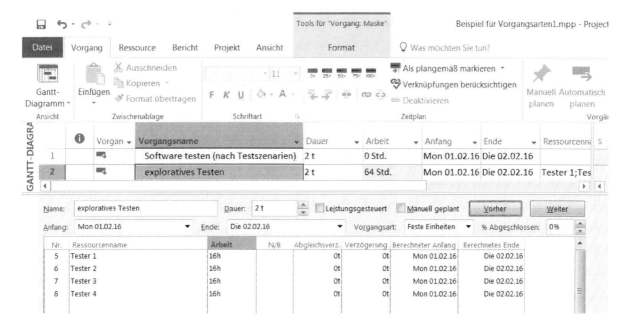

Die Deaktivierung der Leistungssteuerung bewirkt, dass bei der Zuweisung einer weiteren Ressource der Arbeitsaufwand erhöht wird.

NOTIZEN, ANMERKUNGEN:

Feste Arbeit, leistungsgesteuert

Bei der Einstellung feste Arbeit bleibt die Arbeit unverändert, Sie können die Einheiten des Vorgangs oder den Wert für die Dauer ändern. Der jeweils andere Wert wird dann neu berechnet. Für diese Vorgangsart kann die Leistungssteuerung nicht deaktiviert werden.

Beispiel: 10 Mitarbeiter benötigen 20 Tage, um ein Haus zu verklinkern. Wenn Sie weitere Mitarbeiter hinzunehmen, verkürzt sich die Dauer.

Wie sich Vorgangsarten auf Ihren Zeitplan auswirken können:

Microsoft Project verwendet eine Planungsformel, die die drei Werte Arbeit, Dauer und Zuordnungseinheiten in Beziehung setzt: **Arbeit = Dauer x Einheiten**

Nachstehend finden Sie eine Tabelle mit einer Übersicht über alle veränderlichen Teile der Planungsformel:

Vorgangsart	Beim Ändern Von Einheiten	Beim Ändern Der Dauer	Beim Ändern Der Arbeit
Vorgänge mit festen Einheiten	Dauer wird neu berechnet	Die Arbeit wird neu berechnet.	Die Dauer wird neu berechnet.
Vorgänge mit fester Arbeit	Dauer wird neu berechnet	Einheiten werden neu berechnet	Dauer wird neu berechnet
Vorgänge mit fester Dauer	Arbeit wird neu berechnet	Die Arbeit wird neu berechnet.	Einheiten werden neu berechnet

NOTIZEN, ANMERKUNGEN:

7.3 Teamplaner

Eine weitere, sehr übersichtliche Möglichkeit Ressourcen zuzuordnen, ist über die Funktion „Teamplaner" möglich. Die Funktion ist unter dem Menüpunkt „Ressource" ganz links zu finden.

In dieser zeigeteilten Ansicht sind im oberen Bereich die Ressourcen und die ihnen zugeordneten Vorgänge angezeigt. Im unteren Bereich sind die noch nicht zugeordneten Vorgänge in Form eines Balkendiagramms dargestellt.

Man kann nun mit der linken Maustaste einen Vorgang vom unteren Bereich zu der entsprechenden Ressource hochziehen. Der Vorgang wird dann aus dem unteren Bereich entfernt.

Natürlich können auch mehrere Vorgänge einer Ressource zugewiesen werden, evtl. Überlastungen werden angezeigt indem der Ressourcenname „rot" eingefärbt ist und um die beiden überlappenden Vorgänge eine rote Klammer angezeigt wird.

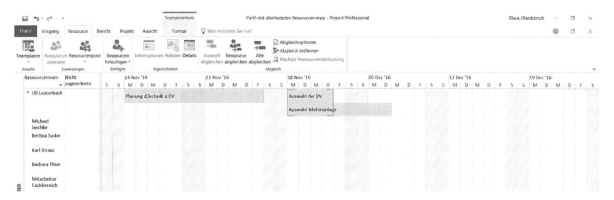

NOTIZEN, ANMERKUNGEN:

7.4 Kapazitätsabgleich

7.4.1 Automatischer Kapazitätsabgleich

Microsoft Project besitzt die Funktionalität „automatischer Kapazitätsabgleich", durch die Überlastungen von Ressourcen automatisch aufgehoben/neu geplant werden können. Dies ist für einzelne Ressourcen sowie alle Ressourcen des Projekts möglich.

Wenn z. B. zwei Vorgänge parallel laufen und beiden Vorgängen dieselbe Ressource zu 100% zugeordnet wurde, ist diese Ressource überlastet. Der Beginn einer der beiden Vorgänge wird dann so lange verzögert/verschoben, bis die Ressource nicht mehr überlastet ist. In diesem Beispiel ist die Ressource Uli Lauterbach 2 Vorgängen gleichzeitig zugewiesen (Auswahl DV und Auswahl Telefonanlage), die auch zeitgleich geplant sind. Die Überlastung wird in der Indikatorenspalte angezeigt.

1. Auswahl Register Ressource

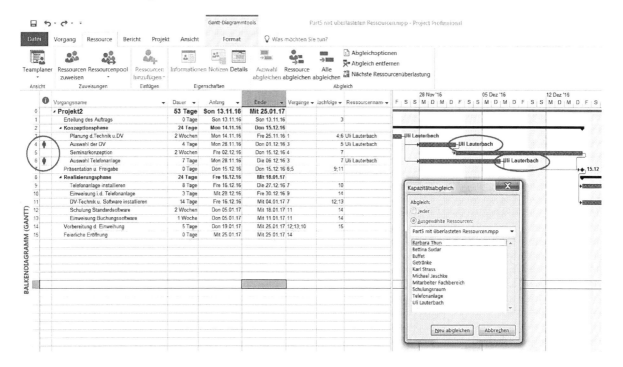

2. Auswahl „Ressource abgleichen" oder „Alle abgleichen". Vorher im Menüpunkt „Abgleichoptionen" die möglichen Einstellungen kontrollieren/anpassen! Z. B. Abgleichen nur innerhalb der Pufferzeiten.

3. Bestätigen Sie die Einstellungen mit „ok" und wählen dann zwischen den Optionen „Ausgewählte Ressourcen" oder „Jeder" aus. Mit einem Mausklick auf „Neu abgleichen" führ Microsoft Project eine Neuplanung durch, um die überlastete Ressource so zu planen, dass die Überlastung aufgehoben wird.

NOTIZEN, ANMERKUNGEN:

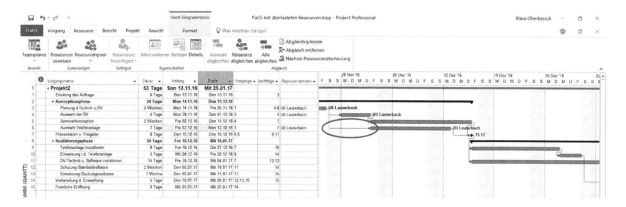

Die Ressource Lauterbach ist nicht mehr überlastet, da der zweite Vorgang so lange verzögert wurde, bis der erste Vorgang beendet ist. In diesem Beispiel konnte die Pufferzeit der Vorgänge genutzt und damit eine Verzögerung des gesamten Projekts verhindert werden.

Wenn der Abgleich über das ganze Projekt vorgenommen würde, könnte dies zu vielen Terminkonflikten und damit verbundenen Meldungen führen. Daher sollte nur immer ein "überschaubarer" Zeitraum für einen Abgleich gewählt werden.

Es ist **nicht** empfehlenswert, die Funktion *automatischer Kapazitätsabgleich* auszuwählen. Da dies eine Programmvoreinstellung ist, wirkt sich die Funktion auf jede Eingabe aus, die Sie tätigen. Nach jeder Eingabe, die eine Überlastung zur Folge hätte, würde wieder ein Abgleich ausgeführt. Hierdurch würden permanent Vorgänge verschoben.

Über die Schaltfläche **Abgleich *entfernen*** kann die durch den Kapazitätsabgleich bedingte Verzögerung/Veränderung am Projektplan schnell wieder entfernt werden. Damit wird wieder eine Überlastung der Ressource(n) entstehen und eine andere Lösung des Problems muss gesucht werden (z. B. manuelle Zuordnung einer anderen Ressource).

7.4.2 MANUELLER ABGLEICH

Nachdem auf die Überlastung der Ressource in der Ansicht Ressource Tabelle und im Balkendiagramm durch ein rotes Ressourcen Icon in der Informationsspalte hingewiesen wurde, kann auch mit der Filterfunktion im Balkendiagramm eine detaillierte Analyse der Überlastung durchgeführt werden.

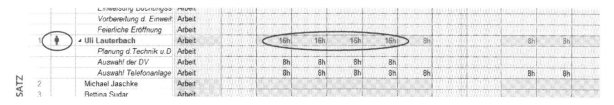

NOTIZEN, ANMERKUNGEN:

Über die Ansicht „Ressource Einsatz" werden die Ressourcen mit den zugeteilten Vorgängen angezeigt. Im rechten Bereich wird die Zuordnung tageweise ausgewiesen.

In diesem Fall ist die Ressource Uli Lauterbach an 4 Tagen überlastet (je 16 Stunden), da er an 2 Vorgängen gleichzeitig arbeitet. Einmal zu 100% = 8 Stunden und in dem anderen Vorgang auch zu 100% = 8 Stunden. Basierend auf dem Standardkalender werden Arbeitszeiten über 8 Stunden als Überlastung angezeigt.

Jetzt besteht die Möglichkeit, die Ressource tageweise abzugleichen indem die geplante Stundenanzahl manuell geändert wird, z. B. für jeden Vorgang nur 4 Stunden pro Tag. **Hinweis**: minimale Überlastungen lassen sich so korrigieren. Bei der Änderung der Stundenanzahl wird die ursprünglich geplante Arbeit aber einfach nur weggenommen, also es fehlt die geplante Arbeit.

Alternativ könnte der Vorgang einer anderen Ressource zugewiesen werden um die Überlastung aufzuheben. Um in diesem Beispiel die Möglichkeiten eines manuellen Abgleichs zu prüfen, betrachten wir uns über die Ansicht „Balkendiagramm Gantt" jetzt ausschließlich die Vorgänge zur Ressource Uli Lauterbach indem wir die Filterfunktion anwenden.

Über die Filterfunktion (Menüpunkt Ansicht) wählen Sie den Filter „Benutzt Ressource" und wählen anschließend die Ressource Uli Lauterbach aus dem „Drop down" Menü aus.

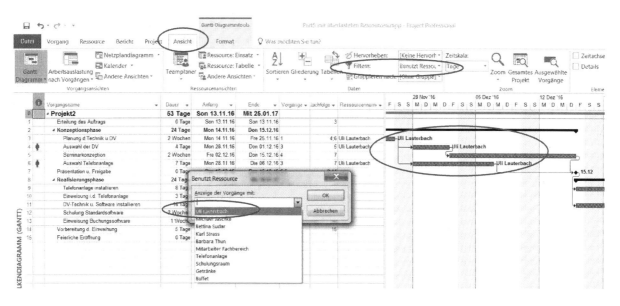

Notizen, Anmerkungen:

Jetzt werden übersichtlich nur noch die Uli Lauterbach betreffenden Vorgänge angezeigt. Der Projektplaner kann nun entsprechende Maßnahmen vornehmen. In diesem Fall ist eine Verschiebung eines Vorgangs möglich, da dieser Puffer hat. Dafür schiebt man den Vorgang mit gedrückter linker Maustaste so weit nach rechts, bis die Überlappung der Vorgänge aufgelöst ist. In einem automatisch öffnenden Fenster werden die entsprechenden Datumswerte zur Kontrolle angezeigt.

Leider ist es nicht immer so einfach !!!

NOTIZEN, ANMERKUNGEN:

8 Kostenmanagement

8.1 Kostenarten

Mit den unterschiedlichen Kostenarten und Kostensätzen in Microsoft Project können verschiedenste Anforderungen abgebildet werden. Folgende Kostenvarianten lassen sich abbilden:

1. **Arbeitsressourcen mit Kosten nach geleistetem Aufwand (zeitbezogen)**

in Stunden (Standardsatz pro Tag, pro Woche, pro Monat). Abhängig von der Einsatzdauer werden die Kosten berechnet Standardkostensatz x Dauer (x Zuteilung). Wird auch für Material/Maschinen benötigt die nach Stunden abgerechnet werden.

2. **Arbeitsressourcen mit Kosten nach geleistetem Aufwand + einmaliger Betrag für Kosten pro Einsatz**

wie unter 1., zusätzlich können einmalige Kosten (einmal pro Einsatz/Vorgang), z. B. für die Benutzung von eigenem Werkzeug dargestellt werden. d. h. Kosten nach Aufwand + Kosten pro Einsatz

3. **Arbeitsressourcen mit Kosten nur pro Einsatz (Vorgang),**

z. B. der Handwerker oder Techniker hat einen Festpreis vereinbart, unabhängig von der Dauer und den geleisteten Arbeitsstunden

4. **Materialressourcen mit Kosten nach Verbrauch (bezogen auf Maßeinheit)**

d. h. die Kosten werden nach der verbrauchten Menge berechnet, z. B. Liter Benzin, cbm Sand, unabhängig von der Dauer des Vorgangs

5. **Materialressourcen mit Kosten nach Verbrauch + einmaliger Betrag für Kosten Einsatz,**

wie unter 4., zusätzlich können einmalige Kosten (einmal pro Einsatz/Vorgang) entstehen. Wasser wird nach Verbrauch cbm berechnet, aber einmalig ist eine Gebühr für eine extra montierte Wasseruhr zu bezahlen

6. **Materialkosten mit Kosten pro Einsatz,**

d. h. für ein Gutachten ist ein einmaliger Betrag pro Vorgang zu leisten, unabhängig von der Dauer des Vorgangs und vom Aufwand für das Gutachten, alternativ als Arbeitsressource, dann würde der Gutachter nach geleistetem Aufwand abgerechnet

NOTIZEN, ANMERKUNGEN:

7. Feste Kosten (pro Vorgang oder pro Projekt)

eine Eingabemöglichkeit um Kosten, die sich nach o. a. Schema nicht zuweisen lassen, zu erfassen. z. B. Fixkosten die nicht detailliert beschrieben werden müssen, wie Versicherungsprämien für eine Bauleistung in einem Vorgang. Feste Kosten können pro Vorgang erfasst werden oder auf Projektebene (in der Zeile Projektsammelvorgang), hier könnten alle Versicherungsprämien für das gesamte Projekt erfasst werden. WICHTIG, die Kosten werden auf Projektsammelvorgangsebene NICHT summiert !!

8. Kostenressourcen

Eine Kostenressource bietet eine Möglichkeit, einem Vorgang Kosten zuzuordnen, indem ein Kostenelement (z. B. ein Flugticket oder Unterkunft) einem Vorgang zugewiesen wird, aber die effektiven Kosten in jedem Vorgang unterschiedlich hoch sein können, wie z. B. Reisekosten). Daher hängt eine Kostenressource nicht vom Arbeitsumfang zu einem Vorgang oder von der Vorgangsdauer ab.

9. Budgetressourcen

Über diese Kostenart können Budgetwerte für Arbeit, Material und Kosten auf Sammelvorgangsebene eingegeben werden. Diese Werte können dann mit den im Projekt aufgelaufenen Werten verglichen werden. Ein solcher Vergleich ist auch ohne Budgetressourcen über selbstdefinierte Felder möglich.

NOTIZEN, ANMERKUNGEN:

Nachfolgend wird an einem Beispiel die vollständige Abbildung aller Kostenarten dargestellt. Sowohl Personalressourcen, feste Kosten und variable Reisekosten werden berücksichtigt, ausgewertet, gegenübergestellt und grafisch angezeigt.

Als erstes werden die Ressourcen für die verschiedenen Ressourcenarten in der Maske **Ansicht / Ressourcen Tabelle** angelegt. Die Auswahl erfolgt über die Spalte **Art**. Für die Kostenressource werden hier keine Kosten eingegeben, da diese für jeden Vorgang unterschiedlich sein können und direkt bei der Zuordnung der Ressourcen erfasst werden (wird in Folge beschrieben).

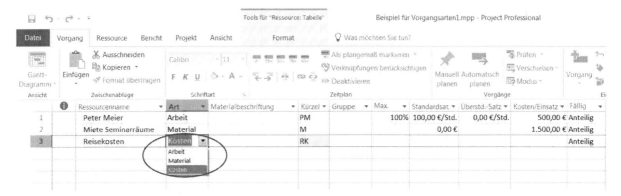

Für die Zuordnung der Ressourcen zu den Vorgängen ist die **Ansicht Balkendiagramm/Gantt** erforderlich. Über den Menüpunkt Ressourcen, die **Ressourcenzuordnung** aufrufen und wie unter Pkt. 7.2.1 beschrieben, die Ressourcen pro Vorgang zuweisen.

Die Reisekosten werden dem verursachenden Vorgang (hier Seminarkonzeption) zugewiesen und der Betrag (500,00 €) in der Spalte Kosten (Maske Ressourcen zuweisen) eingegeben. So können jedem Vorgang Reisekosten in unterschiedlicher Höhe zugewiesen werden. Mit dieser Kostendarstellung können auch weitere Kostenarten mit ähnlicher Kostenzuordnung/-verursachung definiert werden.

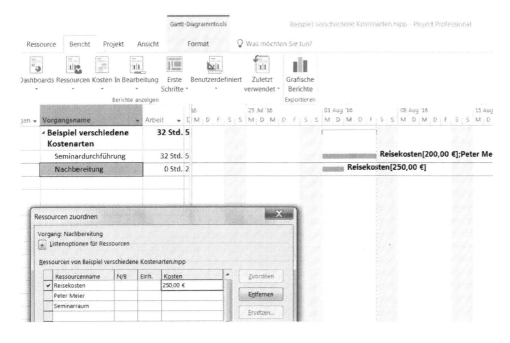

NOTIZEN, ANMERKUNGEN:

Die Miete der Notebooks wird als „Einmalige Kosten" = **Kosten pro Einsatz** (definiert in der Ansicht Ressource / Tabelle) dem Vorgang Schulung Standardsoftware zugeordnet. Dieser Betrag wird später in Summe mit den Ressourcenkosten in einer Summe als Gesamtkosten ausgewiesen.

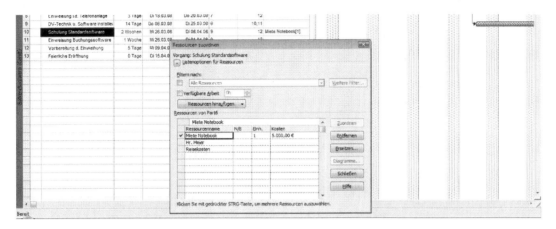

Die Arbeitsressource wird noch einem zweiten Vorgang zugewiesen (Einweisung Buchungssoftware mit 100% für 1 Woche).

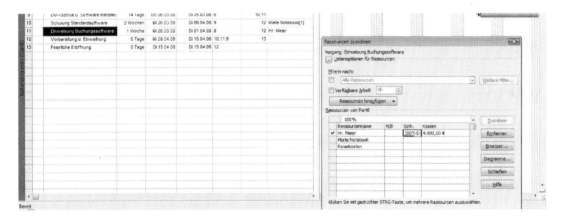

Über den Menüpunkt **Ansicht / Tabelle / Kosten** werden die Kosten pro Vorgang dargestellt. Pro Sammelvorgang wird eine Zwischensumme gebildet, wenn über „**Format**" der Projektsammelvorgang ausgewählt wurde, sind auch die Summen für das ganze Projekt dargestellt.

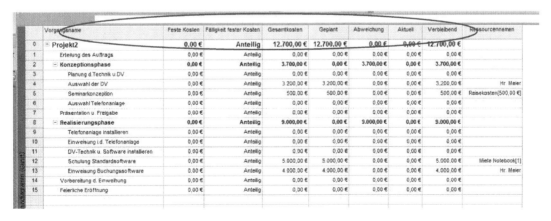

Notizen, Anmerkungen:

Über den Menüpunkt **Berichte / Grafische Berichte** kann nun eine grafische Darstellung der Kostenarten aufgerufen werden (Unter der Vorlagenauswahl „Alles" – Zusammenfassung Ressourcenkosten). Voraussetzung ist min. Excel in der aktuellen Version (für andere Berichte auch Visio Professional in der aktuellen Version).

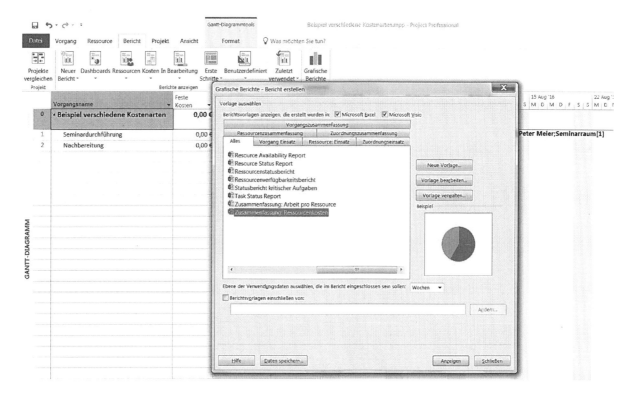

In Excel kann die <u>automatisch</u> generierte Grafik noch mit allen zur Verfügung stehenden Möglichkeiten formatiert und Datenreihen/Zeiträume ein- oder ausgeblendet werden.

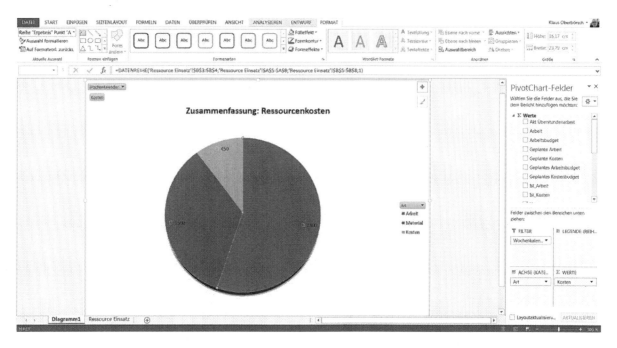

NOTIZEN, ANMERKUNGEN:

8.2 Budget-Verfolgung

Microsoft Project bietet mit der Definition von Budgetressourcen die Möglichkeit Kosten und Arbeitsbudgets zu definieren und mit den aktuellen Werten zu vergleichen. Die Umsetzung über diesen Weg ist möglich, aber sehr kompliziert und aufwendig. Einfacher geht es mit selbstdefinierten Feldern, Formeln und Ampeldarstellungen.

Grundsätzlich sollte man sich diese Budgetverfolgung auf Projektebene anzeigen lassen. Dafür muss ein sogenannter Projektsammelvorgang eingerichtet werden. Dies geschieht über den **Menüpunkt Format**, rechts im Menüband den Sammelvorgang aktivieren. Der Sammelvorgang wird immer als erster Vorgang im Projekt angezeigt und lässt sich auch nicht verschieben!

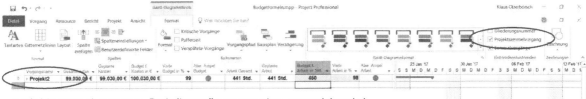

Projektsammelvorgang, Detailvorgänge wurden ausgeblendet.

Zur Darstellung wurden einige neue, benutzerdefinierte Felder angelegt, die entsprechend benannt wurden. Hier in dem Beispiel:

- **Budget f. Kosten**, hier wird der festgelegte Budgewert für das Projekt eingetragen, kann auch aus einer dynamischen Verknüpfung aus Excel erstellt werden.
- **Verbr. Budget in %**, mit der Formel „*IIf([Budget f. Kosten in €] >0;[Kosten]*100/[Budget f. Kosten in €] ;0)*" berechnet Microsoft Project das verbrauchte Kostenbudget auf Grundlage der aktuellen Kosten. Mit der IIF Abfrage wird sichergestellt dass die Berechnung nur bei einem eingetragenen Zahlenwert erfolgt, sonst erscheint ein Fehlerhinweis.

NOTIZEN, ANMERKUNGEN:

- **Abw. Ampel Budget**, mit Hilfe des berechneten Wertes aus „verbr. Budget Kosten" wird anstatt der Datenanzeige die Anzeige von grafischen Symbolen mit definierten Ampeln ausgewählt. Als Basis wird die gleiche Formel wie auf der vorherigen Seite verwendet, allerdings muss bei **„Anzuzeigende Werte"** die Funktion **„Grafische Symbole"** ausgewählt werden.

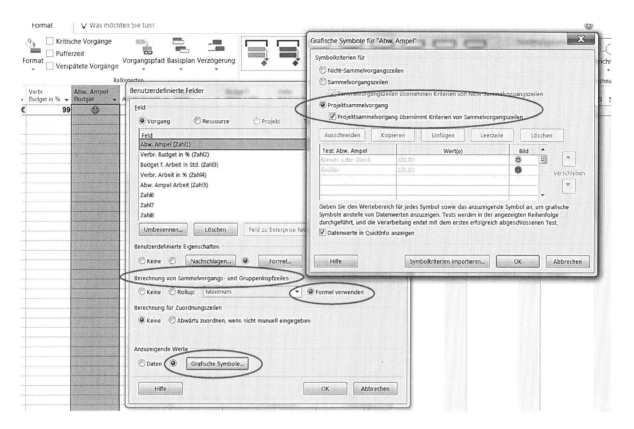

Hierbei ist unbedingt zu beachten, dass bei „Berechnung von Sammelvorgangs- und Gruppenkopfzeilen" die Funktion **„Formel verwenden"** markiert ist und bei den grafischen Symbolen Projektsammelvorgang - und die darunter liegende Auswahl Projektsammelvorgang übernimmt ...unbedingt zu markieren! In diesem Beispiel wurden wegen der s/w Darstellung smileys anstatt farbiger Ampelsymbole benutzt.

NOTIZEN, ANMERKUNGEN:

- **Budget f. Arbeit in Std.**, hier wird das festgelegte Arbeitsbudget für das Projekt eingetragen, kann auch aus einer dynamischen Verknüpfung aus Excel erstellt werden.
- **Verbr. Arbeit in %**, ähnlich wie beim Vergleich des Kostenbudgets wird auch hier eine Formel zur Berechnung des erreichten Prozentwerts eingetragen.
- **Abw. Ampel Arbeit**, die gleiche Formel wird verwendet um die Abweichung der Arbeit als Ampelfunktion darzustellen. Über ein entsprechend benutzerdefiniertes Feld wird anstelle der Datendarstellung die Darstellung über „Grafische Symbole" verwendet.

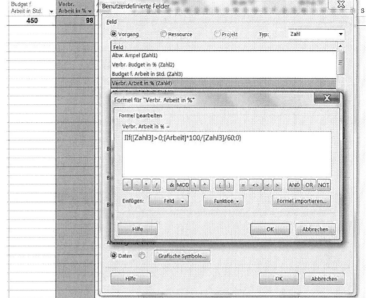

Nun kann das geplante Budget direkt auf Projektebene mit den tatsächlich entstandenen Kosten verglichen werden. Weiteren Berechnungen auf Grundlage der o. a. Formeln sind kaum Grenzen gesetzt.

Notizen, Anmerkungen:

9 Projekt-/Vorgangsansichten

Informationen, die in Microsoft Project erfasst sind, können gezielt und nach definierten Kriterien ausgewählt und angezeigt werden. Mit diesen Funktionen ist es möglich ein laufendes Projekt zu kontrollieren und projektspezifisch auszuwerten/darzustellen. Die Methoden reichen von einfachen Filterfunktionen, über Gruppierungen bis hin zur Verwendung von variablen Feldern mit Ampelfunktionen.

9.1 Filterfunktionen

Wie vielleicht schon aus Microsoft Excel oder Microsoft Access bekannt, kann auch in Microsoft Project der „AutoFilter" pro Spalte über das kleine Dreieck neben der Spaltenbeschriftung aktiviert werden. Hier am Beispiel des Felds „Verantwortlich" mit den Möglichkeiten „intern/ extern".

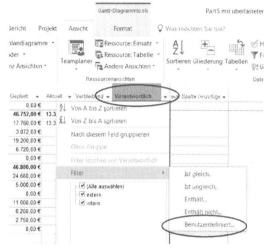

Über diese Funktion kann auch die Sortierung und Gruppierungsmöglichkeit auf Basis dieser Spalte aktiviert werden.

Individuelle Filter können über den Eintrag Filter „Benutzerdefiniert" erstellt werden.

Weitere vordefinierte Filter sind in dem Menüpunkt „Ansicht" verfügbar. Hier werden auch die AutoFilter ggf. ein oder ausgeschaltet.

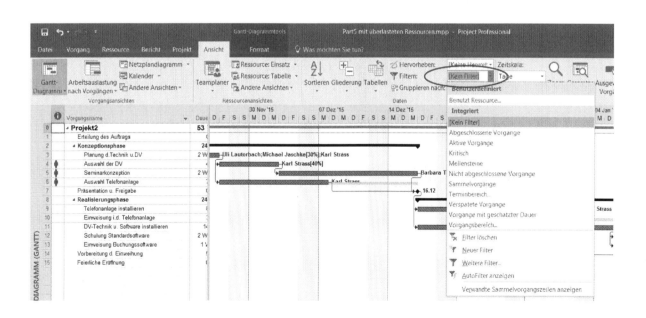

NOTIZEN, ANMERKUNGEN:

9.2 Gruppieren

Das Gruppieren von Vorgängen, Ressourcen oder nach benutzerdefinierten Feldern, dient der schnellen Zusammenfassung und übersichtlichen Darstellung für projektspezifische Ansichten/Auswertungen.

Die Gruppierungsfunktion ist unter dem Menüpunkt „**Ansicht**" zu finden. In den folgenden Beispielen sind einige Möglichkeiten beschrieben.

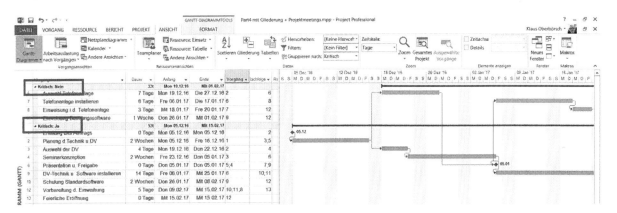

Nun werden die einzelnen Vorgänge in gewählter Gruppierung angezeigt. Zahlenfelder wie Kosten oder Arbeit werden pro Gruppe aufsummiert.

Auch die Gruppierung nach „Meilensteinen" ist mit der beschriebenen Filterfunktion möglich, doch sieht man hier noch die Verknüpfung zu den Vorgängern und Nachfolgern. Hier ist die Filterfunktion evtl. besser anzuwenden.

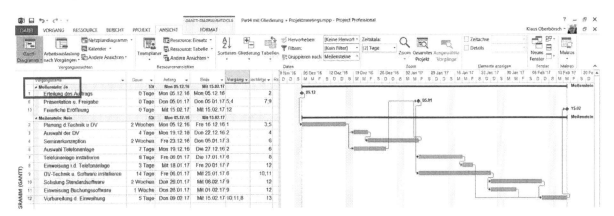

Weitere Gruppierungen können Sie auch selber erstellen in dem Menü „**Ansicht / Gruppieren nach: .... / Weitere Gruppen**. Auch benutzerdefinierte Felder können als Gruppierungselement verwendet werden.

NOTIZEN, ANMERKUNGEN:

9.3 Hervorheben des Zellenhintergrunds

Eine schnelle Möglichkeit besondere Informationen kenntlich zu machen bietet die neue Funktion „**Hervorheben des Zellenhintergrunds**". Zu finden unter dem Menüpunkt **Format / Textarten**.

Hierüber können z. B. die Vorgänge, die auf dem kritischen Weg liegen, besonders markiert werden.

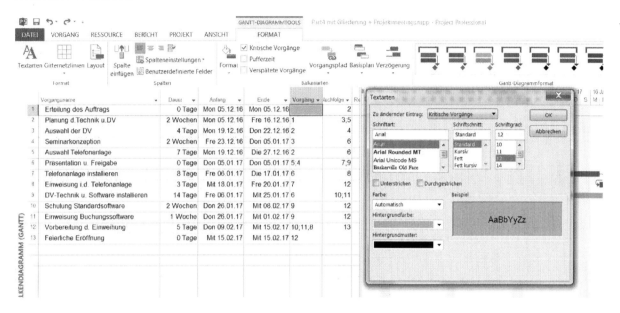

Die zu ändernden Einträge können aus dem Drop-down Menü ausgewählt werden. Dann kann eine Hervorhebung über eine andere Schriftart/stil und/oder -größe erfolgen. Weiterhin können die entsprechenden Zellen mit einer Hintergrundfarbe und/oder einem Hintergrundmuster versehen werden.

Zusammen mit einer Formatierung der Balken lässt sich ein individuelles Gantt-Chart mit Anzeige der kritischen Aktivitäten im Tabellen- und Kalenderteil realisieren.

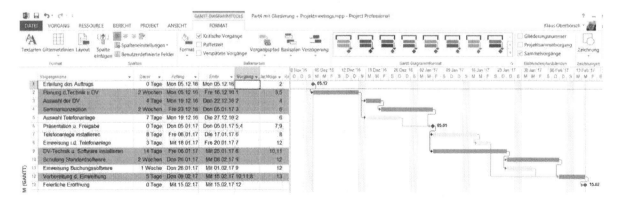

NOTIZEN, ANMERKUNGEN:

10 Projektkontrolle/-überwachung

Zu den Aufgaben des Projektmanagers beim Überwachen eines Projektes gehören:

- Den Fortschritt des Projekts überwachen
- Aktuelle Informationen zum Projekt eingeben
- Soll/Ist-Vergleiche zu erstellen
- und daraus Änderungen im Projekt und deren Auswirkung zu analysieren

10.1 Basisplan speichern

Als erste Aktion sollte mit der Funktion „Basisplan festlegen" unter dem Menüpunkt **„Projekt"**, der aktuelle Terminplan als Referenzplan für einen Soll/Ist-Vergleich abgespeichert werden. Dies ist Voraussetzung um in laufenden Projekten einen Vergleich mit der ursprünglichen Planung zu erreichen.

10.1.1 Soll festhalten (Basisplan speichern)

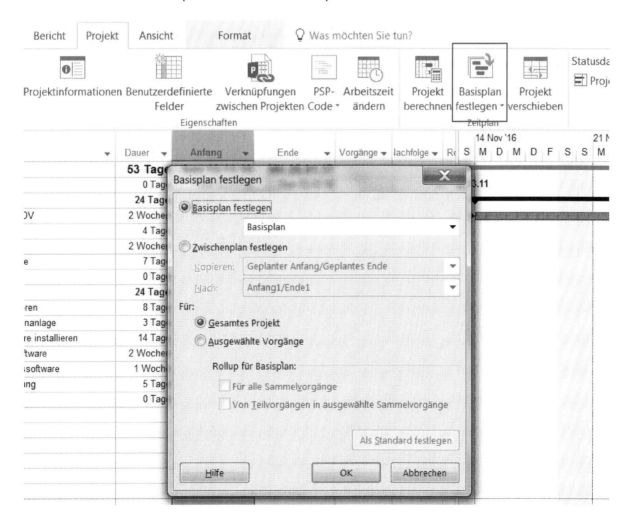

NOTIZEN, ANMERKUNGEN:

Insgesamt können bis zu 11 Basispläne abgespeichert werden um eine Kontrolle über einen längeren Zeitraum zu ermöglichen. Der Basisplan kann für das ganze Projekt als auch nur für bestimmte Vorgänge abgespeichert werden. Nach Speicherung wird der Basisplan um das Speicherdatum ergänzt.

Bei der Speicherung eines Basisplans speichert Microsoft Project u. a. die Feldinhalte aus den Feldern Anfang, Ende und Dauer in die Felder Geplanter Anfang, Geplantes Ende und Geplante Dauer.

10.1.2 Plan- und Ist-Werte tabellarisch vergleichen

Die Auswirkung des Speichern des Basisplans wird sichtbar, wenn in der Ansicht **Balkendiagramm (Gantt)** die Tabelle **Abweichung** aufgerufen wird.

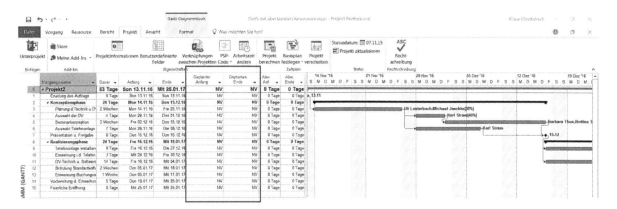

Die Felder **Geplanter Anfang** und **Geplantes Ende** sind vor dem Speichern des Basisplans mit den Buchstaben **NV** (= **N**icht **v**erfügbar) gefüllt.

Nach Festlegen (speichern) des Basisplans stehen dort erstmal die gleichen Werte wie in Anfang + Ende, da ja noch keine Abweichungen erfolgt sind.

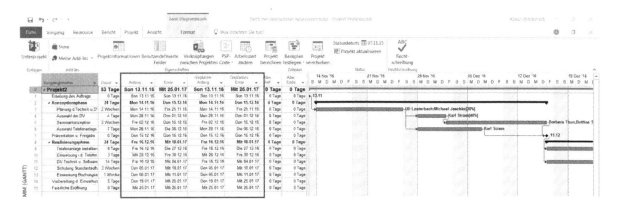

NOTIZEN, ANMERKUNGEN:

Ändert sich jetzt aufgrund der aktuellen Projektplanung z. B. die Dauer eines Vorgangs, zeigt die Tabelle sofort die Abweichungen an. In der Tabelle unten verlängert sich der Vorgang „**Auswahl der DV**" um 4 Tage. Beim **Anfang** führt dies nicht zu einer Abweichung, aber natürlich aufgrund der längeren Dauer beim **Ende**. Die Spalte **Abw. Ende** zeigt demnach auch 4 Tage an. Da dieser Vorgang ein kritischer Vorgang ist, wirkt sich die Abweichung bis zum Projektende aus.

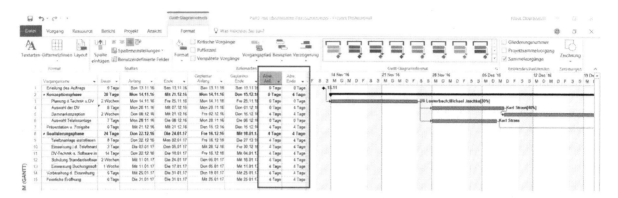

10.1.3 Plan- und Ist-Werte grafisch vergleichen

Natürlich ist es übersichtlicher und auch zur Präsentation besser, die Verschiebungen und damit die Auswirkungen grafisch darzustellen. Dafür gibt es eine bereits vorhandene Ansicht. Die Soll- und Ist-Werte werden in der Ansicht **Gantt Diagramm: Überwachung** grafisch aufbereitet dargestellt. Die oberen Balken zeigen den Soll-Plan, die unteren Balken den Ist-Wert an. Auch die Verschiebung der Meilensteine wird erkennbar.

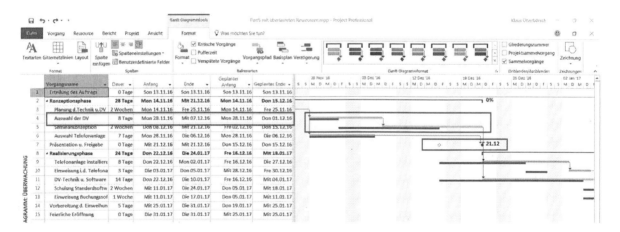

Bei diesem Beispiel ist zu erkennen, dass der Vorgang in Zeile 3 länger dauert als geplant und daher später enden wird. Dadurch bedingt werden die nächsten Vorgänge auch verspätet beginnen und verspätet enden.

NOTIZEN, ANMERKUNGEN:

10.1.4 Basisplan „korrigieren" / löschen

Wenn die Soll-Werte zu früh gespeichert wurden und sich eine Planungsänderung ergeben hat, kann der Basisplan „korrigiert" bzw. gelöscht oder überschrieben werden.

Basisplan löschen

Über den Menüpunkt „**Projekt/Basisplan**" kann der/die Basispläne gelöscht werden.

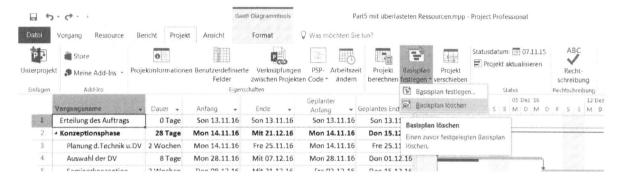

Basisplan ändern

Eine Änderung im eigentlichen Sinne kann nicht erfolgen, sind Änderungen in der Planung erfolgt, so werden die aktuellen Daten als neuer Basisplan nach vorheriger Bestätigung gespeichert.

NOTIZEN, ANMERKUNGEN:

10.2 Projektfortschreibung

Nachdem das Projekt so gespeichert wurde das Ist/Soll-Vergleiche möglich sind, erfolgen jetzt im Projektverlauf die Aktualisierungen.

Der Fortschritt in Microsoft Project wird über die geleistete Arbeit eingegeben. Entweder in Stunden oder in % (Prozent). Dafür eignet sich die Ansicht „Tabelle-Arbeit".

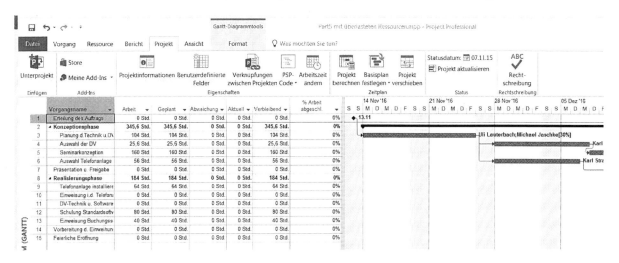

Durch den gespeicherten Basisplan (Spalte „Geplant") können Abweichungen direkt erkannt werden. In der Spalte „Aktuell" werden die geleisteten Arbeitsstunden eingetragen oder alternativ der Fertigstellungsgrad in %, der dann wiederum in Stunden umgerechnet wird.

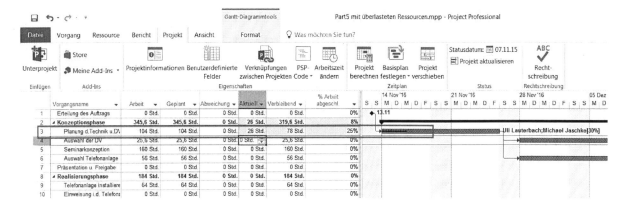

Die Eingabe von 26 Stunden in der Spalte „Aktuell" führt zu einer Fertigstellung des Vorgangs von 25%. Gleichzeitig wird im Balkendiagramm eine schwarze Fortschrittslinie eingezeichnet, die den Fortschritt grafisch darstellt.

NOTIZEN, ANMERKUNGEN:

10.3 ÜBERWACHUNGSINFORMATIONEN AUSWERTEN

Für die Überwachung des Projekts bieten sich die integrierten Berichte an Menüpunkt **"Bericht"**. Hier steht eine große Auswahl von vordefinierten Berichten zur Verfügung, bezogen auf Vorgänge, Kosten, Arbeit u. v. m.

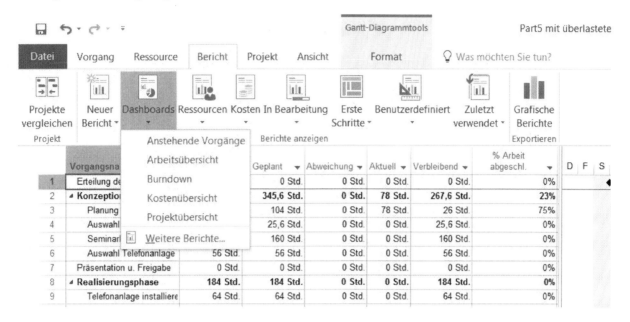

Ein Beispiel aus den möglichen Berichtsarten, hier die „Projektübersicht", weitere Beschreibung über das Berichtswesen unter Punkt 13.

NOTIZEN, ANMERKUNGEN:

11 Benutzerdefinierte Felder

Durch die Einsatz von benutzerdefinierten Feldern bietet Microsoft Project die Möglichkeit eigene Informationen in Feldern abzuspeichern und diese über Filter oder die Gruppierungsfunktion auszuwerten.

Benutzerdefinierte Felder eignen sich auch hervorragend um bestimmte Daten mittels Formeln projektspezifisch zu berechnen und aufzubereiten. Dafür stehen u. a. die Felder Text 1-30 und Zahl 1 – 20 zur Verfügung.

Verschiedene Beispiele zum Einsatz von benutzerdefinierten Feldern sind jetzt beispielhaft beschrieben.

11.1 Nachschlagefelder

Es wird häufig erforderlich sein, pro Vorgang Zuordnungen, Verantwortlichkeiten, Kostenstellen etc. abzubilden, um mit diesen zusätzlichen Informationen eine Projektansicht zu filtern, zu gruppieren oder auszuwerten.

Sie wollen z. B. in einer Spalte anzeigen ob der Vorgang von internen oder externen Stellen verantwortet wird. Durch das Einfügen eines benutzerdefinierten Felds (hier Text1) und umbenennen dieses Felds haben Sie eine Eingabemöglichkeit. Die Qualität der Eingaben beeinflusst jedoch die Qualität der Auswertungen. Die Eingabe kann je nach Anwender unterschiedlich sein. Mögliche Eingaben könnten intern/extern sein, aber auch int./ext. könnten möglich sein oder auch nur i/e.

Um die Eingaben einheitlich, bzw. auf bestimmte Werte einzuschränken, setzt man auf Nachschlagefelder, ähnlich wie auch in Excel. Das Vorgehen wie folgt, über den

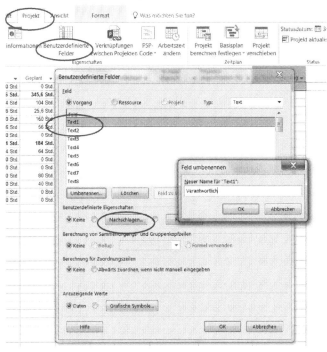

Menüpunkt „Projekt" das Symbol **„Benutzerdefinierte Felder"** auswählen. Das Feld Text1 auswählen und den Button umbenennen anklicken. Hier einen sprechenden Namen eintragen unter dem das Feld auch später zu finden ist. Mit „ok" wird das Feld unter dem neuen Namen gespeichert.

Danach den Button „Nachschlagen" anklicken. Hier können jetzt alle Werte die dann später zur Auswahl stehen sollen mit einem Hilfs/Informationstext eingegeben werden.

NOTIZEN, ANMERKUNGEN:

Alternativ können die Nachschlagewerte auch importiert (z. B. Excel) oder per past and copy eingefügt werden. Die Reihenfolge kann mit der Funktion „Verschieben" geändert werden.

Mit „Schließen" wird die Eingabe beendet und in der Maske **„Benutzerdefinierte Felder"** wird mit ok bestätigt. Jetzt muss dieses Feld noch über „Neue Spalte hinzufügen" oder „Spalte einfügen" in die Tabelle integriert werden. Das Feld ist sowohl unter Text1 als auch dem neu vergebenen Namen zu finden.

Nun können in diesem Feld nur die angezeigten Werte ausgewählt werden und eine Datenintegrität ist damit sichergestellt.

Diese Felder können jetzt für Filterfunktionen oder Gruppierungen verwendet werden. Eine ganz einfache Möglichkeit ist die Filterfunktion im Spaltenkopf. Mit einem Mausklick auf das schwarze Dreieck öffnet sich die Filterfunktion.

Ähnlich verhält es sich mit der Gruppierungsfunktion, hier wird das benutzerdefinierte Feld als Gruppenwechsel ausgewählt.

NOTIZEN, ANMERKUNGEN:

Bei Zahlenfeldern, wie Kosten oder Arbeit, wird je Gruppe eine eigene Summe gebildet. Die individuelle Gruppierung kann unter einem Namen gespeichert und im Menü „Gruppierungen" mit angezeigt werden.

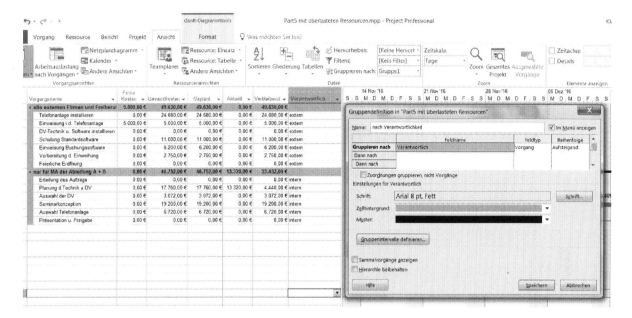

NOTIZEN, ANMERKUNGEN:

12 MULTIPROJEKTMANAGEMENT

Auch mit einer stand-alone Version ist es durchaus möglich ein Projektportfolio für den Überblick über mehrere Projekte zu erhalten. Dies kann für einzelne autarke Projekte erfolgen, als auch für große Projekte die in Teilprojekte aufgeteilt wurden und durch die jeweiligen Teilprojektleiter geplant werden.

Alle bisher beschriebenen Funktionen aus Microsoft Project lassen sich auch im Rahmen des Multiprojektmanagement benutzen, incl. benutzerdefinierter Felder, Formeln, Ampelfunktionen und Kostenübersichten.

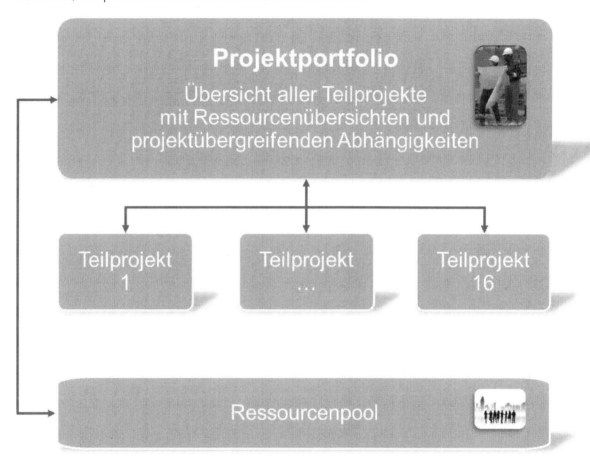

Für die Ressourcenplanung wird ein Ressourcenpool erstellt, indem alle verfügbaren Ressourcen für alle beteiligten Projekte eingestellt werden. Jedes „Teilprojekt" benutzt jetzt nur noch die im Ressourcenpool definierten Ressourcen. Damit kann im Projektportfolio eine übergreifende Übersicht aller Ressourcen bzgl. Verfügbarkeit, Arbeit pro Projekt, Kosten pro Projekt u. ä. dargestellt werden.

NOTIZEN, ANMERKUNGEN:

12.1 Unterprojekte/Teilprojekte

Ein Projektportfolio (Übersicht aller Projekte/Teilprojekte) kann aus bereits bestehenden Microsoft Project Dateien erfolgen, oder aus neu anzulegenden Projekten. Die Vorgehensweise ist identisch.

Über den Menüpunkt „Projekt/Unterprojekt" werden die gewünschten Projekte ausgewählt. Mit der STRG-Taste können auch mehrere Projekte gleichzeitig markiert und dann eingefügt werden.

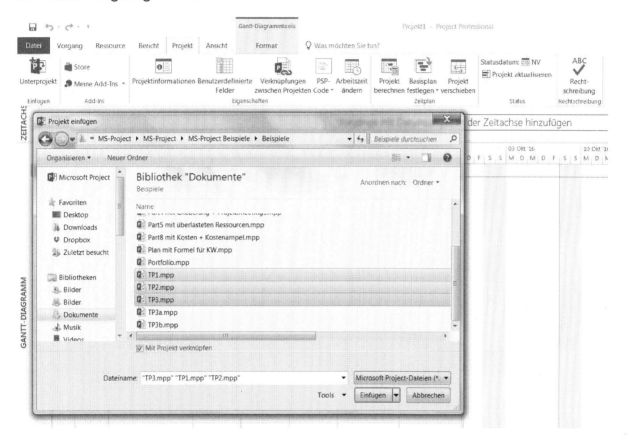

Die eingefügten Projekte/Teilprojekte werden wie Sammelvorgänge dargestellt, die jeweiligen Dateinamen werden als Projektüberschrift verwendet. Je nach Komplexität können die Detailvorgänge ein- oder ausgeblendet werden. Die Reihenfolge der eingefügten Projekte kann geändert werden indem das entsprechende Projekt mit der linken Maustaste an die gewünschte Position geschoben wird.

NOTIZEN, ANMERKUNGEN:

In diesem Beispiel wurden schon die Ressourcen aus dem Ressourcenpool zugeordnet und eine Überlastung über alle Projekte ist zu erkennen.

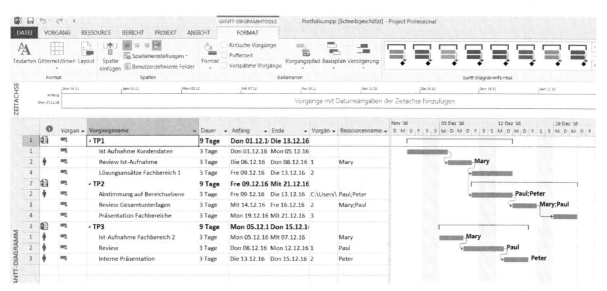

Ähnlich wie in einem einzelnen Projekt können hier auch projektübergreifende Vorgangsbeziehungen dargestellt werden. Der Vorgang „Review Ist-Aufnahme" aus dem TP1 ist Vorgänger vom Vorgang „Abstimmung auf Bereichsebene" aus dem TP2. In dem jeweiligen Projekt werden diese projektübergreifenden Vorgangsbeziehungen besonders formatiert als externe Vorgänger/Nachfolger dargestellt.

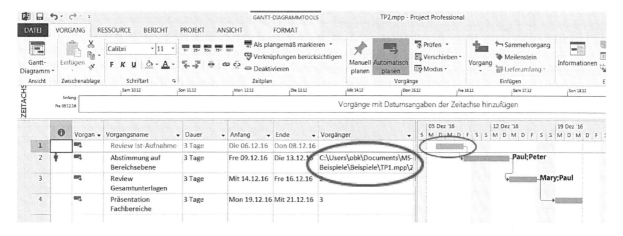

NOTIZEN, ANMERKUNGEN:

12.2 Ressourcenpool erstellen

Um einen vollständigen Überblick zu allen Ressourcen über alle Projekte zu erhalten, müssen die in den einzelnen Projekten geplanten Ressourcen vorher in einem Ressourcenpool erfasst und aus diesem auch geplant werden.

Der Ressourcenpool wird in dem jeweiligen Hauptprojekt/Projektportfolio angelegt. Die Vorgehensweise entspricht der Ressourcenerfassung unter Pkt. 7 mit allen Möglichkeiten verschiedener Ressourcenarten.

Bei der Planung der Ressourcen in den einzelnen Projekten muss jetzt jedoch vor der eigentlichen Ressourcenzuordnung die Verbindung mit dem Ressourcenpool über den Menüpunkt „Ressourcen/Gemeinsame Ressourcennutzung" erstellt werden. Dafür muss das Projekt in dem der Ressourcenpool angelegt wurde, im Screenshot – Projektportfolio, geöffnet sein.

Danach werden die Ressourcen in der Tabelle des Projektes angezeigt und können wie unter Pkt. 2 beschrieben den einzelnen Vorgängen zugeordnet werden. Wichtig, beim „Speichern" des Projektes immer die Abfrage „Ressourcenpool aktualisieren" mit „Ja" beantworten und Änderungen in **allen** Projekten aktualisieren.

NOTIZEN, ANMERKUNGEN:

12.3 Projektportfolio/Übersicht

Nachdem alle Unter/Teilprojekte im Hauptprojekt (hier Projektportfolio) integriert und die Ressourcen der einzelnen Projekte über den Ressourcenpool zugewiesen wurden, steht jetzt eine projektübergreifende Darstellung zur Verfügung.

Alle Tabellen und Ansichten aus der normalen Projektplanung können jetzt auch hier eingesetzt werden. Für die Darstellung von Gesamtsummen (Kosten, Arbeit) sollte die Funktion „Projektsammelvorgang" unter dem Menüpunkt „Format" eingeschaltet sein. Die einzelnen Projekte werden aufsummiert und über alle Projekte eine Gesamtsumme in der ersten Zeile gebildet.

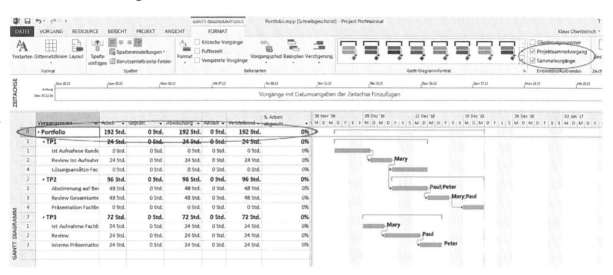

Über die Ansicht „Ressource Einsatz" ist der Einsatz der einzelnen Ressourcen pro Teil/Unterprojekt erkennbar. Mit „Spalte einfügen/Projekt" wird auch der jeweilige Teilprojektname angezeigt.

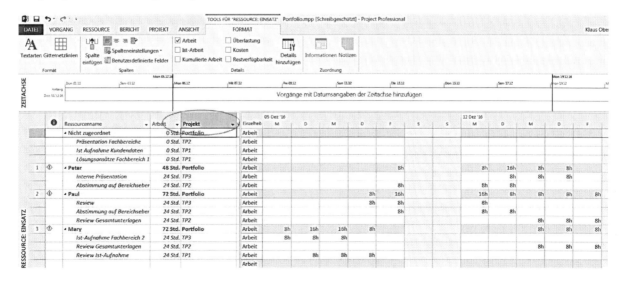

NOTIZEN, ANMERKUNGEN:

13 Berichte und grafische Auswertungen

13.1 Grafische Berichte

Die grafischen Berichtsvorlagen werden in der Multifunktionsleiste „Berichte" angezeigt und sind in sechs Kategorien unterteilt. In den folgenden Abschnitten werden die grafischen Berichte der einzelnen Kategorien vorgestellt.

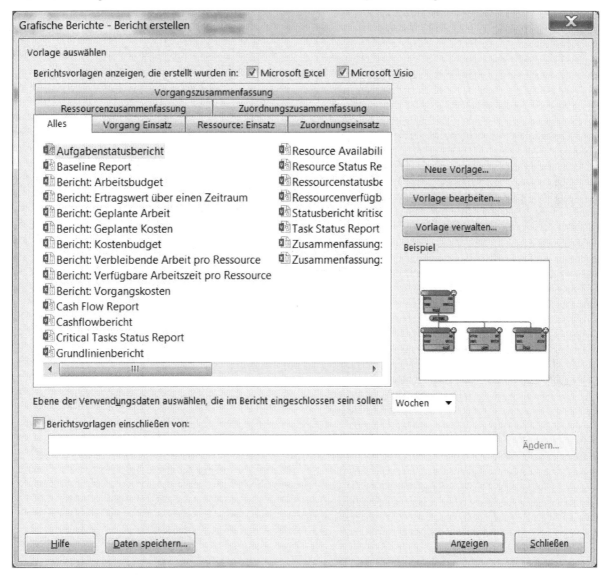

Damit alle Berichtsvorlagen auch genutzt werden können, müssen die Programme Microsoft Excel und Microsoft Visio Professional installiert sein!

NOTIZEN, ANMERKUNGEN:

13.2 Übersicht grafische Berichte

Wie am Anfang des Kapitels beschrieben, steht eine Reihe von grafischen Berichtsvorlagen zur Verfügung, die in den jeweiligen Anwendungsprogrammen noch modifiziert werden können.

13.2.1 Kategorie "Vorgang: Einsatz"

Name	Art	Beschreibung
Cashflowbericht	Excel	Mit diesem Bericht können Sie ein Balkendiagramm mit Werten für Kosten und kumulierte Kosten über einen bestimmten Zeitraum anzeigen.
Bericht zum Ertragswert über einen Zeitraum	Excel	Mit diesem Bericht können Sie ein Diagramm anzeigen, in dem die tatsächlichen Kosten der ausgeführten Arbeiten (IK, Ist-Kosten), der geplante Wert (die veranschlagten Kosten der ausgeführten Arbeiten) sowie der Ertragswert (die veranschlagten Kosten der ausgeführten Arbeiten) über einen bestimmten Zeitraum dargestellt werden.

13.2.2 Kategorie "Ressource: Einsatz"

Name	Art	Beschreibung
Cashflowbericht	Visio	In diesem Bericht werden ursprünglich geplante Arbeit und Kosten mit geplanter Arbeit und geplanten Kosten verglichen. Mit Indikatoren wird angezeigt, wann die ursprünglich geplante Arbeit die geplante Arbeit übersteigt und wann die ursprünglich geplanten Kosten die geplanten Kosten übersteigen.
Bericht zur Ressourcenverfügbarkeit	Visio	Mit diesem Bericht können Sie ein Diagramm anzeigen, in dem die Arbeit und die Restverfügbarkeit der Ressourcen des Projekts dargestellt werden, gegliedert nach Ressourcenart (Arbeit, Material und Kosten). Neben den überlasteten Ressourcen wird ein rotes Kennzeichen angezeigt.

Notizen, Anmerkungen:

Bericht mit Zusammenfassung der Ressourcenkosten	Excel	Mit diesem Bericht können Sie ein Kreisdiagramm anzeigen, in dem die Aufteilung der Ressourcenkosten unter den drei Ressourcenarten **Kosten**, **Material** und **Arbeit** veranschaulicht wird.
Bericht zur Verfügbarkeit der Arbeit von Ressourcen	Excel	Mit diesem Bericht können Sie ein Balkendiagramm anzeigen, in dem die Gesamtkapazität, Arbeit und verbleibende Verfügbarkeit für Arbeitsressourcen über einen bestimmten Zeitraum veranschaulicht wird.
Bericht mit Zusammenfassung der Arbeit von Ressourcen	Excel	Mit diesem Bericht können Sie ein Balkendiagramm anzeigen, in dem die Gesamtkapazität der Ressourcen, die Arbeit, die verbleibende Verfügbarkeit sowie die tatsächliche Arbeit in Arbeitseinheiten veranschaulicht werden.

13.2.3 Kategorie "Zuordnungseinsatz"

Name	Art	Beschreibung
Bericht zu geplanten Kosten	Excel	Mit diesem Bericht können Sie ein Balkendiagramm anzeigen, in dem die geplanten Kosten, die ursprünglich geplanten Kosten und die tatsächlichen Kosten zu dem Projekt für mehrere Vorgänge veranschaulicht werden.
Basisbericht	Visio	Mit diesem Bericht können Sie ein Diagramm Ihres Projekts anzeigen, das nach Quartal und dann nach Vorgang aufgeschlüsselt ist. In diesem Bericht werden ursprünglich geplante Arbeit und Kosten mit geplanter Arbeit und geplanten Kosten verglichen. Mit Indikatoren wird angezeigt, wann die ursprünglich geplante Arbeit die geplante Arbeit übersteigt und wann die ursprünglich geplanten Kosten die geplanten Kosten übersteigen.

NOTIZEN, ANMERKUNGEN:

Kategorie	Art	Beschreibung
Bericht zur geplanten Arbeit	Excel	Mit diesem Bericht können Sie ein Balkendiagramm anzeigen, in dem die geplante Arbeit, die ursprünglich geplante Arbeit und die tatsächliche Arbeit zu dem Projekt für mehrere Vorgänge veranschaulicht werden.
Bericht zum Kostenbudget	Excel	Mit diesem Bericht können Sie ein Balkendiagramm anzeigen, in dem das Kostenbudget, die geplanten Kosten, die ursprünglich geplanten Kosten sowie die tatsächlichen Kosten über einen bestimmten Zeitraum veranschaulicht werden.
Bericht zum Arbeitsbudget	Excel	Mit diesem Bericht können Sie ein Balkendiagramm anzeigen, in dem das Arbeitsbudget, die geplante Arbeit, die ursprünglich geplante Arbeit sowie die tatsächliche Arbeit über einen bestimmten Zeitraum veranschaulicht werden.

13.2.4 Kategorien "Vorgangs-, "Ressourcen- Zuordnung

Kategorie	Art	Beschreibung
Vorgangszusammenfassung • Statusbericht zu kritischen Vorgängen	Visio	Mit diesem Bericht können Sie ein Diagramm anzeigen, in dem die Arbeit und die verbleibende Arbeit für kritische sowie nicht kritische Vorgänge veranschaulicht werden. Mit dem Datenbalken wird der prozentuale Anteil der abgeschlossenen Arbeit angegeben.
Vorgangszusammenfassung • Bericht zum Vorgangsstatus	Visio	Mit diesem Bericht können Sie ein Diagramm der Arbeit und des prozentualen Anteils der abgeschlossenen Arbeit für die Vorgänge in Ihrem Projekt anzeigen. Dabei wird mit Symbolen angegeben, wann die geplante Arbeit die Arbeit übersteigt, wann die geplante Arbeit der Arbeit entspricht und wann die Arbeit die geplante Arbeit übersteigt. Mit dem Datenbalken wird der prozentuale Anteil der abgeschlossenen Arbeit angegeben.

Notizen, Anmerkungen:

Ressourcenzusammenfassung • Bericht zur verbleibenden Arbeit für Ressourcen	Excel	Mit diesem Bericht können Sie ein Balkendiagramm mit verbleibender Arbeit und tatsächlicher Arbeit für die einzelnen Arbeitsressourcen anzeigen. Diese Angaben erfolgen in Arbeitseinheiten.
Zuordnungszusammenfassung • Bericht zum Ressourcenstatus	Visio	Mit diesem Bericht können Sie ein Diagramm der Arbeit und der Kostenwerte für die einzelnen Ressourcen Ihres Projekts anzeigen. Der prozentuale Anteil der abgeschlossenen Arbeit wird durch die Schattierung in den einzelnen Feldern des Diagramms angezeigt. Die Schattierung wird dunkler, je näher der Abschluss der zugeordneten Arbeit für die Ressource rückt.

NOTIZEN, ANMERKUNGEN:

13.3 Berichte direkt aus Microsoft Project

Seit der Version 2013 besteht die Möglichkeit direkt aus Microsoft Project Berichte und Auswertungen über das aktuelle Projekt zu generieren. Neben vorgefertigten Auswertungen können auch individuelle Berichte erzeugt oder bestehende Berichte angepasst werden.

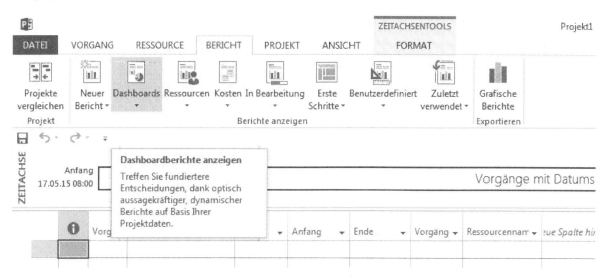

Hier als Beispiel für die möglichen Berichte, eine Kostenübersicht zu einem Projekt, wo bestimmte Vorgänge schon erledigt bzw. in Arbeit sind.

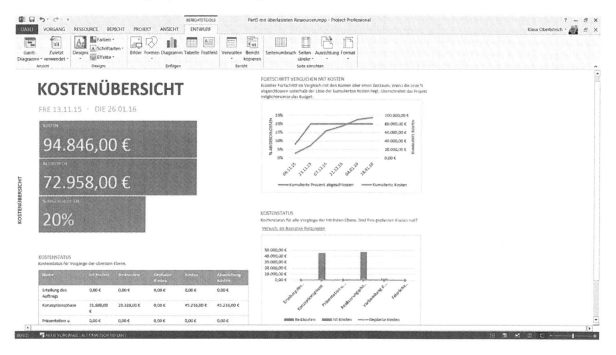

NOTIZEN, ANMERKUNGEN:

Folgende Standardberichte sind integriert und je nach Anforderung individuell angepasst werden.

Berichte unter	Inhalt	Details zum Bericht
Dashboards	Anstehende Vorgänge	Alle Vorgänge der aktuellen Woche
	Arbeitsübersicht	Eine Übersicht über die gesamte geplante Arbeit im Projekt
	Burndown	Grafik über die noch abzuarbeitenden Vorgänge
	Kostenübersicht	Gesamtüberblick über die Projektkosten
	Projektübersicht	Überblick über den Fertigstellungsgrad sowie fällige Meilensteine und Verspätungen
Ressourcen	Ressourcen (Übersicht)	Im Projekt verplante Ressourcen und Stand der Arbeit
	Überlastete Ressourcen	Übersichtsbericht, welche Ressourcen überlastet sind
Kosten	Ertragswertbericht	Bericht zur Ertragswertanalyse
	Kostenüberschreitungen	Zeigt Kostenüberschreitungen im Vergleich zum Basisplan an
	Ressourcenkosten (Übersicht)	Übersicht über die Ressourcenkosten
	Vorgangskosten	Kumulierte Kosten pro Quartal und Vorgänge der ersten Ebene
	Vorgangskosten (Übersicht)	Kostenübersicht der Vorgänge erster Ebene und deren Status
In Bearbeitung	Kritische Vorgänge	Übersicht über kritische Vorgänge und deren Status
	Meilensteinbericht	Überblick über die Meilensteine im Projekt
	Verspätete Vorgänge	Eine Liste aller verspäteten Vorgänge
	Verzögerte Vorgänge	Eine Liste aller Vorgänge, die im Vergleich zum Basisplan verzögert sind

Notizen, Anmerkungen:

14 ANLAGEN

14.1 ZUSAMMENARBEIT MIT ANDEREN OFFICE-PROGRAMMEN

Grundsätzlich kann Microsoft Project mit allen anderen Microsoft Programmen Daten austauschen. Entweder per copy and paste oder ein Export über vordefinierte Schnittstellen.

Microsoft-Excel:

Hier kann die Microsoft Project Datei beim „Speichern unter ..." als Excel-Arbeitsmappe gespeichert werden, es öffnet sich ein Export Assistent, der dann definierte Exportmöglichkeiten anzeigt.

Gerade bei Excel bieten sich dynamische Verknüpfungen an, da sich die geänderten Werte in der jeweils anderen Anwendung automatisch mit ändern.

Umgekehrt kann auch eine Excel Arbeitsmappe als Microsoft Project Datei geöffnet werden.

Microsoft-Powerpoint

Wie unter dem Kapitel „Zeitstrahl" beschrieben, kann der aus Microsoft Project kopierte Zeitstrahl in eine Powerpoint Folie kopiert und anschließend noch weiter bearbeitet werden.

Microsoft Outlook

Auch hier kann der „Zeitstrahl" aus Microsoft Project als Projektinformation an beliebige Email-Empfänger verschickt werden.

Mind Manager

Aus diesem Programm ist der Aufgabenexport nach Microsoft Project möglich.

Weiterhin gibt es eine Vielzahl von Programmen die Microsoft Project in bestimmten Funktionen unterstützen oder ergänzen, z. B. die grafische Erstellung von Projektstrukturplänen anhand der Microsoft Project Gliederungsfunktion.

Notizen, Anmerkungen:

14.2 Earned Value Analyse mit Microsoft Project

Die Earned Value Analyse (z. T. auch als Leistungswertanalyse, Fertigstellungswertmethode oder Arbeitswertanalyse bezeichnet) ist ein Werkzeug des Projektcontrollings. Sie dient zur Fortschrittsbewertung von Projekten. Dabei wird die aktuelle Termin- und Kostensituation durch Kennzahlen beschrieben. Die Schlüsselwerte sind dabei Planwert (engl. planned value, **pv**), Istkosten (actual costs, **ac**) und Fertigstellungswert (earned value, **ev**). Durch die Verfolgung der Kennzahlen ist eine Trendanalyse möglich

Auch mit Microsoft Project 2016 gibt es die Möglichkeit eine Earned Value Analyse (EVA) durchzuführen. Die dazugehörigen Spalten/Feldnamen sind folgend aufgeführt.

Name / Titel	deutscher Spaltenname	Beschreibung	englischer Spaltenname
Soll- Kosten der berechneten Arbeit	SKBA	"Soll-Kosten der berechneten Arbeit" (SKBA) enthält die kumulierten geplanten Kosten nach Zeitphasen bis zum Statusdatum bzw. bis zum heutigen Datum.	BCWS
Soll- Kosten bereits abgeschlossener Arbeit	SKAA	"Soll-Kosten bereits abgeschlossener Arbeit" (SKAA) enthält den kumulierten Prozentwert der abgeschlossenen Arbeit (des Vorgangs, der Ressource oder der Zuordnung), multipliziert mit den Soll-Kosten nach Zeitphasen. SKAA wird bis zum Statusdatum oder bis zum heutigen Datum berechnet.	BCWP
Ist- Kosten bereits abgeschlossener Arbeit	IKAA	"Istkosten bereits abgeschlossener Arbeit" (IKAA) enthalten die für Arbeit entstandenen Kosten bis zum Statusdatum des Projekts oder bis zum heutigen Datum.	ACWP
Planabweichung	PA	Planabweichung (PA) zeigt die Kostendifferenz zwischen dem aktuellen Stand der Fertigstellung und dem Basisplan eines Vorgangs, aller der Ressource zugeordneten Vorgänge oder einer Zuordnung bis zum Statusdatum bzw. dem heutigen Datum PA = SKAA - SKBA	SV
Planabweichung %	PAP	Planabweichung Prozent (PAP) zeigt das Verhältnis zwischen Planabweichung (PA) und den Sollkosten der berechneten Arbeit (SKBA) an, ausgedrückt als Prozentsatz. PAP = (PA / SKBA) *100	SV%

NOTIZEN, ANMERKUNGEN:

Kostenabweichung	KA	Abweichung Kosten (KA) zeigt die Abweichung zwischen den geplanten Kosten und den aktuellen Kosten bis zum erreichten Stand der Fertigstellung am Statusdatum oder dem heutigen Datum KA = SKAA - IKAA	CV
Kostenabweichung %	KAP	Kostenabweichung Prozent (KAP) enthält das Verhältnis der Kostenabweichung (KA) zu den Sollkosten der bereits abgerechneten Arbeit (SKAA), ausgedrückt als Prozentwert. Dies zeigt die Abweichung zwischen den geplanten Kosten und den aktuellen Kosten bis zum erreichten Stand der Fertigstellung am Statusdatum oder dem heutigen Datum KAP = [(SKAA - IKAA) / SKAA] * 100	CV%
Berechnete Kosten	BK	Berechnete Kosten (BK) enthält die erwarteten Gesamtkosten eines Vorgangs, basierend auf der Leistung bis zum Statusdatum BK = IKAA + (geplante Kosten X - SKAA) / KLI	EAC
Plankosten	PK	Die gesamten geplanten Kosten für einen Vorgang, eine Ressource für alle zugeordneten Vorgänge oder für die von einer Ressource in einem Vorgang zu leistende Arbeit Dies ist gleich dem Inhalt des Feldes "Kosten" beim Speichern des Basisplans.	BAC
Abweichung nach Abschluss	ANA	Abweichung nach Abschluss (ANA) zeigt die Differenz zwischen PK (Plankosten) oder geplante Kosten und BK (Berechnete Kosten) für einen Vorgang, eine Ressource oder eine Zuordnung zu einem Vorgang ANA = PK - BK	VAC
Kostenleistungsindex	KLI	Kostenleistungsindex (KLI) ist das Verhältnis der Soll-Kosten bereits abgeschlossener Arbeit (SKAA) zu den Ist-Kosten der bereits abgeschlossenen Arbeit (IKAA) bis zum Datum des Projektstatus oder dem heutigen Datum KLI = SKAA / IKAA	CPI
Planleistungsindex	PLI	Planleistungsindex (PLI) zeigt das Verhältnis der Sollkosten bereits abgeschlossener Arbeit zu den Sollkosten der berechneten Arbeit. PLI = SKAA / SKBA	SPI
Abschlussleistungsindex	ALI	Abschlussleistungsindex (ALI) zeigt das Verhältnis der verbleibenden abzuschließenden noch auszugebenden finanziellen Mitteln zum Zeitpunkt des Statusdatum an. ALI = (PK - SKAA) / (PK - IKAA)	TCPI

NOTIZEN, ANMERKUNGEN:

14.3 Vollständige Liste aller verfügbaren Felder in Microsoft Project

Unter dieser Referenz hat Microsoft alle Datenfelder von Microsoft Project aufgelistet und detailliert beschrieben. Der aktuelle Stand spiegelt allerdings nur die Version Microsoft Project 2013 dar.

https://tinyurl.com/y9225hsx

14.4 Grundeinstellungen

Terminpläne müssen übersichtlich sein und einheitlich aussehen, um sie zusammenführen, analysieren und vergleichen zu können. Deshalb sind für die Gestaltung in Microsoft Project Standards und Regeln notwendig. Nur so finden sich auch unerfahrene Projektleiter schnell zurecht und können selbst brauchbare Pläne erstellen.

14.4.1 Standards bei der Namensgebung

- Sammelvorgang als Substantiv darstellen
  (Beispiel: "SPEZIFIKATION")

- Meilenstein als Substantiv + Adjektiv darstellen
  (Beispiel: "Spezifikation fertig")

- Vorgang als Substantiv + Verb darstellen
  (Beispiel: "Spezifikation erstellen")

14.4.2 Standards für Sammelvorgänge

Sammelvorgänge erzeugt man, um den Plan in überschaubare, auswertbare Einheiten zu gliedern. Untergeordnete Aktivitäten können ein- oder ausgeblendet und deren Daten summiert werden.

- Lassen Sie in der ersten Ebene nur Sammelvorgänge zu.

- Geben Sie die Sammelvorgänge der ersten Ebene fest vor.

- Beschränken Sie sich auf wenige Gliederungsebenen, am besten maximal vier.

- Setzen Sie Ober- und Untergrenzen für die Zahl der Vorgänge pro Sammelvorgang – zum Beispiel mindestens drei und höchstens zwanzig.

- Vermeiden Sie Verknüpfungen an Sammelvorgängen.

NOTIZEN, ANMERKUNGEN:

14.4.3 Standards für Meilensteine

Meilensteine dienen dazu, bestimmte Zustände oder Zeitpunkte des Projekts zu kennzeichnen, und ermöglichen die Projektfortschrittskontrolle. Sie lassen sich in Kategorien einteilen, die durch Standards bei der Namensgebung und mit Hilfe der Attributfelder auch im Balkenplan unterscheid- und filterbar werden.

- Definieren Sie für jedes vereinbarte Ergebnis einen entsprechenden Meilenstein.

- Unterscheiden Sie Ergebnis-, Status-, Zahlungs- und Übergabemeilensteine mit Hilfe von Attributfeldern. Stellen Sie deren Namen den Anfangsbuchstaben der jeweiligen Meilensteinkategorie voran (E, S, Z, Ü, ...).

- Tragen Sie die Verantwortlichen in das Feld "Kontaktperson" ein.

- Setzen Sie Termineinschränkungen möglichst nur an Meilensteinen.

- Enthält das Projekt mehrere Teilprojekte, dann erstellen Sie für die zentralen Termine ein eigenes Meilensteinprojekt mit externen Verknüpfungen zu den Teilprojekten. Das ist sinnvoller, als die Meilensteine in jedem Teilprojekt in Kopie darzustellen. Terminverschiebungen brauchen Sie so nur einmal in den zentralen Meilensteinplan einzupflegen, nicht einzeln in jedes Teilprojekt.

- Ist der Projektplan genehmigt, dann speichern Sie die erste Version der Ergebnismeilensteine als Basisplan ab. Verändern Sie diesen nicht mehr. So können Sie später aussagekräftige Statusberichte mit Bezug zur ursprünglichen Planung erstellen.

14.4.4 Standards für Vorgänge

Als Maximum der Standardisierung können Sie für wiederholbare Projekte Tätigkeitskataloge erstellen, die alle zugelassenen Vorgangsbeschreibungen enthalten. Dies ist zwar zunächst sehr aufwändig, vereinheitlicht aber den Umgang mit Vorgängen. Unabhängig davon empfehlen wir:

- Stellen Sie möglichst nur eine Ressource pro Vorgang dar.

- Die Dauer sollte je nach Projekt z. B. min. 0,5 Tage und max. 4 Wochen betragen

- Packen Sie Detailinformationen in Textfelder und Notizen anstatt in zu lange Vorgangsnamen.

- Vermeiden Sie Termineinschränkungen an Vorgängen.

NOTIZEN, ANMERKUNGEN:

14.5 Buchempfehlungen

Hier eine Liste von Büchern, die ich als Autor sehr spannend und lehrreich zum Thema Projektmanagement empfunden habe.

Gebundene Ausgabe: 264 Seiten

Verlag: Carl Hanser Verlag GmbH & Co. KG (8. November 2007)

Sprache: Deutsch

ISBN-10: 34464143983

ISBN-13: 978-3446414396

Tom DeMarco beschreibt in seinem Roman über Projektmanagement lebhaft und anschaulich die Prinzipien und Absurditäten, die die Produktivität eines Software-Entwicklungsteams beeinflussen.

Mr. Tompkins, ein von einem Telekommunikationsriesen soeben entlassener Manager, hat die Aufgabe, sechs Softwareprodukte zu entwickeln. Dazu teilt Tompkins die ihm zur Verfügung stehende gigantische Entwicklungsmannschaft in achtzehn Teams auf - drei für jedes Produkt. Die Teams sind unterschiedlich groß und setzen verschiedene Methoden ein. Sie befinden sich im Wettlauf miteinander und haben einen gnadenlos engen Terminplan. Mit seinen Teams und der Hilfe zahlreicher Berater, die ihn unterstützen, stellt Mr. Tompkins die Managementmethoden auf den Prüfstand, die er im Laufe seines langen Managerlebens kennen gelernt hat. Jedes Kapitel endet mit einem Tagebucheintrag, der seine verblüffenden Erkenntnisse zusammenfasst.

Auch alle weiteren Bücher von Tom DeMarco sind eine Fundgrube zu den div. Themen des Projektmanagements.

Taschenbuch: 352 Seiten

Verlag: O'Reilly; Auflage: 1 (8. September 2015)

Sprache: Deutsch

ISBN-10: 395875175X

ISBN-13: 978-3958751750

Bill ist IT-Manager bei Parts Unlimited. An einem Dienstagmorgen erhält er auf der Fahrt zur Arbeit einen Anruf seines CEO. Die neue IT-Initiative der Firma mit dem Codenamen Projekt Phoenix ist entscheidend für die Zukunft von Parts Unlimited, aber das Projekt hat Budget und Zeitplan massiv überzogen. Der CEO will, dass Bill direkt an ihn berichtet und das ganze Chaos in neunzig Tagen aufräumt, denn sonst wird Bills gesamte Abteilung outgesourct.

Gebundene Ausgabe: 256 Seiten

Verlag: Campus Verlag; Auflage: 1 (19. August 2002)

Sprache: Deutsch

ISBN-10: 3593370913

ISBN-13: 978-3593370910

Rick Silver unterrichtet einen Kurs zum Projektmanagement. Hier trifft er auf ein Manager-Team, das den Auftrag hat, die Produktentwicklungszeiten wesentlich zu verkürzen. In einem schwierigen und spannenden Prozess entwickeln sie gemeinsam die Projektmanagement-Methode der Kritischen Kette, die im Vergleich mit herkömmlichen Methoden ein deutlich effizienteres Projektmanagement erlaubt. Mit ihr lassen sich Projekte besser planen und früher fertig stellen, da Unterbrechungen weitestgehend ausgeschlossen werden. Durch ständige Kontrolle während des Projekts kann auch auf unerwartete Engpässe reagiert werden. Das Team wird sich damit am Ende einen entscheidenden Konkurrenzvorteil erarbeitet haben. Aber auch für alle anderen Projektmanager der Welt ist die Kritische Kette der Schlüssel zum Erfolg.

14.6 Glossar

Ablaufplanung

Zeitliche und logische Anordnung der Arbeitspakete eines Projektes. Das Ergebnis der Ablaufplanung ist der Netzplan.

Analogietechnik

Kreativitätstechnik, die durch Übertragen vorhandener Lösungsansätze (z. B. aus dem Tierreich) auf die aktuelle Problemstellung neue Lösungsmöglichkeiten finden hilft. Die Analogien können dabei auch aus artfremden Bereichen stammen.

Änderungsmanagement

Prozess, der sicherstellen soll, dass alle möglichen Arten von Änderungen des Projekts, wie z. B. projektplanerische oder fachliche Änderungen, Projektzieländerungen oder Faktoren, die zu einem Projektabbruch führen, systematisch dokumentiert und damit nachvollziehbar werden.

Anfangszeitpunkt

Auf Basis der Ablaufplanung errechneter oder fest definierter Beginn eines Arbeitspaketes. Abhängig von der Berechnungsmethode ergeben sich:

- Frühester Anfangszeitpunkt (Vorwärtsrechnung)
- Spätester Anfangszeitpunkt (Rückwärtsrechnung)

Arbeitspaket

Teil eines Projektes, der im Projektstrukturplan nicht weiter aufgegliedert ist. Ein Arbeitspaket kann auf einer beliebigen Gliederungsebene liegen. Um das Projektziel zu erreichen, ist die Abarbeitung aller Arbeitspakete nötig. Im allgemeinen Sprachgebrauch werden Arbeitspakete häufig auch mit "Aufgabe", "Aktivität", „Task" oder "Vorgang" bezeichnet.

Arbeitspaketverantwortlicher

Ansprechpartner für den Projektleiter bei der Durchführung eines Arbeitspakets. Der AP-Verantwortliche muss nicht unbedingt alle Arbeiten selbst durchführen.

Auftraggeber eines Projektes

Gesamtverantwortlicher für ein Vorhaben oder ein Projekt. Der Auftraggeber genehmigt das Projektbudget und die Rahmentermine.

Aufwand

Der Aufwand eines Arbeitspakets beschreibt die Arbeitsmenge, die notwendig ist, um ein definiertes Arbeitsergebnis zu erbringen. Einheit: Personentage (PT), Personenstunden (PH), etc.

Aufwandsschätzung

Abschätzung des zur Abarbeitung eines Arbeitspakets notwendigen Aufwandes (100% "reine Projektarbeit") sowie der Bearbeiter. Sie basiert vor allem auf Erfahrungen und ist die Grundlage für die Kapazitäts- und Terminplanung.

Balkenplan (= Gantt-Diagramm)

Diagramm zur Visualisierung der Zeitplanung eines Projektes. Die Dauer eines Arbeitspakets wird durch die Länge des Balkens in der Zeitachse symbolisiert. Die Balken können sowohl Ist- als auch Soll-Daten umfassen. Ereignisse werden als Zeitpunkte dargestellt.

Belastungsdiagramm

Graphik zur Visualisierung der Belastung von Mitarbeitern (oder Abteilungen) durch Arbeitspakete aus ein oder mehreren Projekten.

Berichts- und Informationswesen

Oberbegriff für den formal geregelten Informationsfluss innerhalb eines Projektes sowie zwischen Projekt und Projekt-Umwelt.

Bottom-Up

Vorgehensweise zur Erstellung eines Projektstrukturplans. Zunächst werden alle Aktivitäten ungeordnet gesammelt, dann von unten nach oben in Ebenen zusammengefasst und zum Abschluss auf Vollständigkeit hin überprüft.

Brainstorming

Kreativitätstechnik: Produktion einer möglichst großen Anzahl spontaner, auch abwegiger, ausgefallener Ideen innerhalb einer Gruppe. Dabei sollen auch die Ideen anderer Teilnehmer aufgegriffen und weiterentwickelt werden. Einzige Einschränkung: Während des Brainstormings ist Kritik strikt verboten.

Dauer

Zeitspanne vom Anfang bis zum Ende eines Arbeitspaketes. Einheit: Tage, Stunden, Wochen, etc. Sie wird entweder direkt geschätzt oder richtet sich nach der Bearbeitungsdauer der einzelnen Ressourcen.

Einsatzplanung (=Ressourcenplanung)

Planung des zeitlichen Einsatzes der an der Projektdurchführung beteiligten Ressourcen, abhängig von ihrer Verfügbarkeit.

Endzeitpunkt

Auf Basis der Ablaufplanung errechnetes oder fest definiertes Ende eines Arbeitspaketes. Abhängig von der Berechnungsmethode ergeben sich:

- Frühester Endzeitpunkt (Vorwärtsrechnung)
- Spätester Endzeitpunkt (Rückwärtsrechnung)

Entscheidungsgremien

Instanzen der Projektorganisation, wie z. B. Lenkungsteam, Steuerungskreis, Controlling-Ausschuss usw. Sie sind i. d. R. dafür zuständig, projektübergreifende Konflikte zu lösen und Prioritäten zu vergeben.

Ergebnisplan

Graphische Darstellung der Gesamtkostensituation eines Projektes (Gegenüberstellung des zu erwartenden finanziellen Nutzens zu den Projektkosten) zur Beurteilung der Rentabilität.

Fertigstellungsgrad

Prozentsatz, zu dem die Arbeiten an einem Arbeitspaket abgeschlossen sind.

Freier Puffer

Der Zeitraum, um den ein Arbeitspaket im Netzplan verschoben werden kann, ohne dass ein anderes Arbeitspaket ebenfalls verschoben wird. Die Formel dazu: FP = FAZ(Nachf.) - FEZ (FP = Freier Puffer, FAZ = Frühester Anfangszeitpunkt, FEZ = Frühester Endzeitpunkt)

Führungsstil

Verhalten, welches den Umgang einer Führungskraft mit ihren Mitarbeitern beschreibt. Folgende Arten werden unterschieden:

- Autoritärer Führungsstil:
  Starke Ausrichtung auf das Erreichen von Sachzielen, Vernachlässigung des Sozialverhaltens der Gruppe.
- "Laissez Faire"- Führungsstil:
  Vernachlässigung der Sachziele und des Sozialverhaltens der Gruppe.
- Kooperativer Führungsstil:
  Ausrichtung auf das Erreichen von Sachzielen unter Berücksichtigung des Sozialverhaltens der Gruppe.

Gantt-Diagramm (=Balkenplan)

Diagramm zur Visualisierung der Zeitplanung eines Projektes. Die Dauer eines Arbeitspakets wird durch die Länge des Balkens in der Zeitachse symbolisiert. Die Balken können sowohl Ist- als auch Soll-Daten umfassen. Ereignisse werden als Zeitpunkte dargestellt.

Gesamtpuffer

Zeitraum, um den ein Arbeitspaket im Netzplan verschoben werden darf, ohne dass das Projektende verschoben werden muss.

Interdisziplinäre Zusammensetzung

Zusammensetzung eines Projektteams aus Mitarbeitern unterschiedlicher Bereiche eines Unternehmens, um deren unterschiedliche menschliche und fachliche Stärken zum Erreichen des Projektziels zu nutzen.

Kapazitätsbedarf (= Ressourcenbedarf)

Bedarf an Personal, das für die Abarbeitung der Arbeitspakete eines Projektes nötig ist, ermittelt aus dem geschätzten Aufwand und der Zeitrechnung des Netzplans.

Kapazitätsplanung

Namentliche und quantitative Zuordnung der ausführenden Kapazitäten (Ressourcen) zu jedem einzelnen für das Projekt notwendige Arbeitspaket unter Berücksichtigung der Aufwandsschätzung.

Kapazitätstreue Einsatzplanung

Zeitplanung unter Berücksichtigung der max. Verfügbarkeit der ausführenden Ressourcen.

Kernteam (=Projektteam)

Projektmitarbeiter, die zusammen mit dem Projektleiter für die Projektdurchführung verantwortlich sind.

Kick-Off-Sitzung (= Projekt-Kick-Off)

Erstes Treffen von Projektleiter und Projektteam zur Initialisierung eines Projektes. Dabei werden der Projektauftrag, Projektziele, -inhalte, -termine und deren Rahmenbedingungen diskutiert, die Teammitglieder miteinander bekannt gemacht sowie die weitere Vorgehensweise beschlossen.

Kritischer Weg / Kritischer Pfad

Alle Arbeitspakete eines Netzplans, die zeitlich nicht verschoben werden können, ohne dass sich eine Verschiebung des Projektendtermins ergibt, liegen auf dem kritischen Weg.

Matrix-Projektorganisation

Form einer Projektrahmenorganisation, Mischform zwischen reiner Projektorganisation und Projektkoordination. Verantwortung und Befugnisse sind zwischen Projektleiter und den beteiligten Linienfunktionen aufgeteilt.

Meilenstein

Ereignis von besonderer Bedeutung im Projektverlauf. Ein Meilenstein hat i. d. R. die Dauer = 0 Tage! (Definition für Microsoft Project).

Meilenstein-Trend-Analyse

Instrument für das Termin-Controlling eines Projektes: An regelmäßigen Berichtszeitpunkten wird die Terminplanung des Projektes durch die Abfrage von Meilensteinterminen graphisch neu erfasst. Aus dem Kurvenverlauf lässt sich ein Trend über die Termintreue des Projektes ableiten.

Mengenmethode

Methode zur Bewertung des Fertigstellungsgrades von Projektaktivitäten: Ein Arbeitspaket ist in eine Menge von gleichartigen Objekten mit jeweils demselben Arbeitsaufwand untergliedert (z. B. 30 etwa gleichartige Graphiken). Aus der Anzahl der fertig gestellten Objekte lässt sich der Fertigstellungsgrad schätzen. Damit wird das sog. „90% Syndrom" vermieden.

Methode 0/100

Methode zur Bewertung des Fertigstellungsgrades von Projektaktivitäten: Nicht begonnene und laufende Arbeitspakete werden mit 0 %, beendete mit 100 % Fertigstellungsgrad angegeben. Damit wird das sog. "90%-Syndrom" vermieden.

Methode 50/50

Methode zur Bewertung des Fertigstellungsgrades von Projektaktivitäten: Begonnene Arbeitspakete werden mit 0 %, laufende Arbeitspakete mit 50 %, beendete Arbeitspakete mit 100 % Fertigstellungsgrad bewertet.

Multiprojekt-Controlling

Analyse des Zusammenwirkens aller Projekte, um projektübergreifende Ressourcenkonflikte (Personalkapazitäten, Hilfsmittel, Finanzen) aufzudecken und geeignete koordinierende Maßnahmen einleiten zu können.

Multiprojektmanagement

Aufgabe des Multiprojektmanagements ist es, mehrere Einzelprojekte so zu koordinieren (z. B. hinsichtlich der benötigten Ressourcen), dass das Gesamtergebnis aller Projekte hinsichtlich der Unternehmensziele ein Optimum ergibt.

Netzplan

Graphische Darstellung der Abhängigkeiten zwischen Arbeitspaketen, also der Vorgehensweise bei der Projektabwicklung.

Netzplantechnik

Rechenmethode zur Ermittlung der frühestens möglichen sowie spätestens notwendigen Anfangs- und Endzeitpunkte der Arbeitspakete.

Personaleinsatz

Intensität, mit der eine Ressource ein Arbeitspaket abarbeitet. Ist der Personaleinsatz hoch, ergibt sich eine kurze Bearbeitungsdauer und umgekehrt. Einheit: Prozent oder Personenstunden / Tag

Phasenmodell

Standardisierter Projektstrukturplan, der in zeitlich voneinander abhängige Abschnitte gegliedert ist. Diese können sequentiell aufeinander folgen oder sich überlappen. Beispiel: Analyse - Konzept - Entwicklung - Realisierung - Test

Projekt

Vorhaben, das folgende Kriterien erfüllt:

- Einmaligkeit, keine Routinetätigkeit
- eindeutige Zielvorgabe
- zeitliche, finanzielle, personelle oder andere Begrenzungen
- hohe Komplexität (Indikatoren: Aufwand, Anzahl an beteiligten Abteilungen, Risiko)

Projektabschluss

Letzte Phase des Projektlebenszyklus, in der

- das Projektergebnis an den Auftraggeber übergeben,
- die Projektorganisation aufgelöst und
- ein Resümee aus dem zurückliegenden Projektverlauf gezogen wird (zur Erfahrungssicherung für zukünftige Projekte).

Nach dem Projektabschluss ist das Projekt offiziell zu Ende.

Projektabschlussbericht

Bericht des Projektleiters mit einer Zusammenfassung des Projektverlaufs.

Projektabschlusssitzung

Letzte Sitzung des Projektteams, in der die Erfahrungen aus der Projektabwicklung diskutiert werden. Ferner wird festgelegt, wer über den Projektabschluss und dessen Ergebnis informiert werden soll.

Projektantrag

Ein noch nicht erteilter Projektauftrag, der alle Informationen enthält, nach denen eine Entscheidung über die Sinnhaftigkeit eines Projektes gefällt werden kann.

Projektcontrolling (= Projektsteuerung)

Aufgabe des Projektleiters. Ziel ist es, mögliche Probleme während der Projektabwicklung möglichst frühzeitig zu erkennen um evtl. Steuerungsmaßnahmen ergreifen zu können.

Projektkoordination

Form einer Projektrahmenorganisation. Für die Dauer eines Projektes wird die bestehende Linienorganisation um die Stabsfunktion eines Projektkoordinators erweitert. Sie besitzt keinerlei Entscheidungs- und Weisungsbefugnis gegenüber den Linienfunktionen.

Projektlebenszyklus

Genereller Ablauf eines Projektes aus Sicht des Projektmanagements. Er besteht aus folgenden Abschnitten:

- Projekt<u>start</u>
- Projekt<u>planung</u>
- Projekt<u>steuerung</u>
- Projekt<u>abschluss</u>

Projektleiter

Verantwortlicher für die Erreichung der im Projektauftrag fixierten Projektziele. Er ist erster Ansprechpartner des Auftraggebers. Aufgaben, Befugnisse und Verantwortung des Projektleiters sollten unternehmensweit festgelegt sein.

Projektmanagement

Projektmanagement ist eine Führungskonzeption, die dazu dient, Projekte zielorientiert und effizient abzuwickeln. Dazu gehören organisatorische, methodische und zwischenmenschliche Aspekte.

Projektmanagementhandbuch

So wird häufig die Dokumentation grundlegender Festlegungen für die einheitliche Anwendung von Projektmanagement in einem Unternehmen genannt.

Projektmanagementsoftware

Hilft dem Projektleiter bei der Anwendung von Planungs- und Controlling-Methoden, ersetzt jedoch nicht den gesunden Menschenverstand.

Projektmitarbeiter

Alle an einem Projekt beteiligten Personen, auch wenn sie nicht zum Projektteam gehören.

Projektorganisation

Die Projektorganisation besteht primär aus dem Auftraggeber, dem Projektleiter und dem Projektteam, kann jedoch den Erfordernissen entsprechend um weitere Kontroll- und Entscheidungsgremien erweitert werden. Mit dem Ende des Projektes wird die Projektorganisation aufgelöst.

Projektphasen

Zeitlich voneinander abhängige Abschnitte eines Projektablaufs. Beispiel: Analyse - Konzept - Entwicklung - Realisierung - Test.

Projektplanung

Alle Tätigkeiten, die zu einem Projektplan führen. Ein Projektplan kann aus folgenden Elementen bestehen:

- Projektstrukturplan inkl. Arbeitspaketbeschreibungen
- Terminplan (Netz-, Balken-, Meilensteinplan)
- Ressourcenplan
- Kostenplan
- Risikoanalyse

Projektrahmenorganisation

Zusammenwirken von Projekt- und Linienorganisation. Mögliche Formen sind:

- Reine Projektorganisation
- Projektkoordination
- Matrix-Projektorganisation

Je nach Organisationsform besitzt der Projektleiter mehr oder weniger Verantwortung und Befugnisse.

Projektsteuerung (= Projektcontrolling)

Aufgabe des Projektleiters. Ziel ist es, mögliche Probleme während der Projektabwicklung möglichst frühzeitig zu erkennen um evtl. Steuerungsmaßnahmen ergreifen zu können.

Projektstrukturierung

Erarbeiten eines Projektstrukturplans. Ein Projekt wird hierarchisch in immer kleinere Elemente zerteilt, die unterste Ebene ist die Basis für die weitere Projektplanung.

Projektstrukturplan (PSP)

(Meist graphische) Übersicht über alle zur Erreichung des Projektziels erforderlichen Arbeitsschritte.

Projektteam (= Kernteam)

Projektmitarbeiter, die zusammen mit dem Projektleiter für die Projektdurchführung verantwortlich sind.

Projektziel

Das Projektziel ist Bestandteil des Projektauftrags und besteht aus den drei Komponenten

- Inhalt
- Zeit
- Kosten

Es muss erreichbar, vollständig, widerspruchsfrei, nicht interpretierbar, prüfbar, lösungsneutral, dokumentiert und zwischen Auftraggeber und Projektleiter abgestimmt sein.

Regelkreis des Projektmanagements

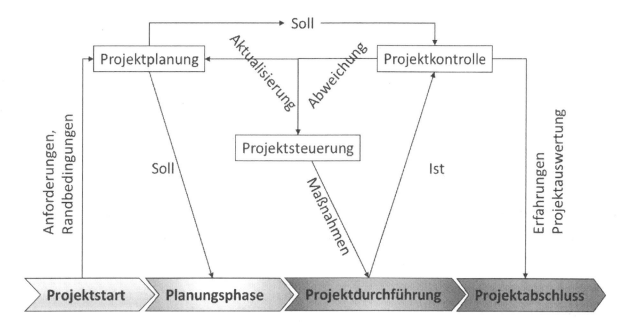

Reine Projektorganisation

Form einer Projektrahmenorganisation.

Für die Dauer eines Projektes werden die beteiligten Mitarbeiter zu einer selbständigen Organisationseinheit zusammengefasst und dem Projektleiter unterstellt.

Ressourcenplanung (= Einsatzplanung)

Planung des zeitlichen Einsatzes der an der Projektdurchführung beteiligten Ressourcen, abhängig von ihrer Verfügbarkeit.

Return on Investment

Rentabilitätsrechnung zur Ermittlung des Rückflusses von investiertem Kapital. Der Return on Investment errechnet sich aus dem Wert des erzielten Gewinns, dividiert durch den Wert des eingesetzten Kapitals.

Rückwärtsrechnung

Zweiter Schritt der Netzplanberechnung, in dem die spätest möglichen Anfangs- und Endzeitpunkte der Arbeitspakete ermittelt werden.

SKAA

Soll-Kosten bereits abgeschlossener Arbeit. Das Ertragswertfeld, das anzeigt, welcher Anteil des Kostenrahmens des Vorgangs unter Berücksichtigung der tatsächlichen Dauer des Vorgangs hätte ausgegeben werden sollen. Microsoft Project berechnet die SKAA auf Vorgangs- und Zuordnungsebene unterschiedlich. s. a. Ertragswertanalyse und EVA (earned value analyse).

Statusbericht

Vom Projektleiter zu erstellende Übersicht über den aktuellen Projektstand (Soll-/Ist-Vergleich von Terminen, Kosten, Aufwänden) als Information für den Auftraggeber. Ein Statusbericht wird in regelmäßigen Abständen oder bei Erreichen bestimmter Meilensteine angefertigt.

Step-to-Step-Methode

Methode zur Bewertung des Fertigstellungsgrades von Arbeitspaketen: Ein Arbeitspaket ist in verschiedene sequentielle, zeitlich und nach Aufwand bewertete Arbeitsschritte ("Stepps") untergliedert. Der Fertigstellungsgrad wird aus den erreichten Arbeitsschritten ermittelt.

Syndrom 90%

Gefahr der Überschätzung des Fertigstellungsgrades eines Arbeitspakets. Der Bearbeiter gibt an, ein Arbeitspaket zu 90 % erledigt zu haben, der wahre Arbeitsfortschritt liegt jedoch darunter.

Terminplanung

Planung der Anfangs- und Endzeitpunkte aller Arbeitspakete eines Projektes.

Termintreue Einsatzplanung

Planung ohne Berücksichtigung der max. Verfügbarkeit der ausführenden Kapazitäten (Kapazitätsbedarfsplanung).

Top-Down

Vorgehensweise zur Erstellung eines Projektstrukturplans. Ausgehend vom Projektziel wird das Projekt nach Ebenen immer weiter detailliert.

Verknüpfungen (= Anordnungsbeziehung)

Quantifizierbare Abhängigkeit zwischen zwei Arbeitspaketen eines Projektes:

Normalfolge	(Ende - Anfang)	(EA)
Anfangsfolge	(Anfang - Anfang)	(AA)
Endefolge	(Ende - Ende)	(EE)
Sprungfolge	(Anfang - Ende)	(AE)

Vorgang

Ein Vorgang ist in der Begrifflichkeit des Projektmanagements eine abgegrenzte Arbeitseinheit, die zu einem bestimmten Zeitpunkt begonnen und einem bestimmten späteren Zeitpunkt beendet wird. Allgemeiner ausgedrückt: „Ein Vorgang ist ein Ablaufelement, das ein bestimmtes Geschehen beschreibt." (DIN 69900, Teil 1).

Vorgänge sind in der Regel Abschnitte des Projektablaufs. Ein Vorgang kann mit anderen Vorgängen verknüpft sein: Beispielsweise müsste ein Vorgang „Socken anziehen" beendet sein, bevor ein Vorgang "Schuhe anziehen" begonnen werden kann.

Vorwärtsrechnung

1. Schritt der Netzplanberechnung, in dem die frühestens möglichen Anfangs- und Endzeitpunkte der Arbeitspakete ermittelt werden.

Zeitabstand (=Zeitwert)

Wird einer Anordnungsbeziehung zugeordnet. Er kann größer als, kleiner als oder gleich Null sein. Beispiele:

"Normalfolge mit +3 Tagen Zeitabstand" bedeutet, dass der Nachfolger erst 3 Tage nach dem Ende des Vorgängers starten darf.

"Normalfolge mit -3 Tagen Zeitabstand" bedeutet, dass der Nachfolger schon 3 Tage vor dem Ende des Vorgängers starten darf.

Ein ausführliches Glossar mit ca. 1000 Begriffen zum Projektmanagement finden Sie unter: https://www.projektmagazin.de/glossar

15 Index

A

Aktivitätenzeitplan 9
Aktuelle Informationen eingeben 139
Aktuelles Datum 23
Ampelsymbole 121
Anlegen eines neuen Projektes 21
Anordnungsbeziehung 27
Ansicht Ressource Einsatz 85
Ansicht Tabellen 33
Arbeitsressourcen 77
Arbeitsressourcen mit Kosten nach geleistetem Aufwand (zeitbezogen) 109
Arbeitsressourcen mit Kosten nach geleistetem Aufwand + einmaliger Betrag für Kosten pro Einsatz 109
Arbeitsressourcen mit Kosten nur pro Einsatz (Vorgang), ... 109
automatischer Kapazitätsabgleich 101

B

Balkendiagramm (Gantt) 33
Basisplan „korrigieren" / löschen 137
Basisplan speichern 131
Benutzerdefinierte Felder 25, 143, 145
Berechnete Termine 63
Berichte direkt aus Microsoft Project 169
Berichte und grafische Auswertungen 159
Besonderheiten bei der Vorgangsverknüpfung ... 39
Bildlauf, Suchen, Löschen 15
Buchempfehlungen 183
Budgetressourcen 111
Budget-Verfolgung 119

C

Code 79

D

Darstellung der Multifunktionsleisten und Registerkarten 13
Dauer 27
Diagrammbereich 11

E

Earned Value Analyse mit Microsoft Project 175
Eingabe aktueller Informationen 139
Einheiten Vorgangsdauer 27
Einmalige Kosten 115
E-Mail Adresse 81
Erfassen von Vorgängen 33

F

Felder in Microsoft Project 179
Fertigstellungsgrad in % 139
Feste Arbeit 87
Feste Arbeit, leistungsgesteuert 97
Feste Dauer 87
Feste Dauer, leistungsgesteuert 93
Feste Einheiten 87
Feste Einheiten, leistungsgesteuert 89
Feste Einheiten, nicht leistungsgesteuert 91
Feste Kosten (pro Vorgang oder pro Projekt) 111
Filterfunktionen 53, 125, 145
Formatierung der Balken 129
Formel verwenden 121
Fortlaufende Dauer 27
freie Puffer 61, 65

G

Gantt Diagramm: Überwachung 135
Geplanter Anfang 133
Geplantes Ende 133
Gesamtpuffer 61, 65, 189
Gliederungsnummer 45
Glossar 186
Grafische Berichte 159
Grafische Symbole 121
Grundeinstellungen 179
Gruppe 79
Gruppieren 127

H

Hervorheben des Zellenhintergrunds 129

I

Index 198
Informationen zur Ressource 79, 81

K

Kalender 25
Kapazitätsabgleich 101
Kosten pro Einsatz 115
Kosten/Einsatz 79
Kostenarten 109
Kostenmanagement 109
Kostenressourcen 77, 111
Kritischer Pfad 61
Kürzel 79

M

Manuelle Planung/Automatische Planung	29
Manueller Abgleich	103
Materialbeschriftung	79
Materialkosten mit Kosten pro Einsatz,	109
Materialressourcen	77
Materialressourcen mit Kosten nach Verbrauch (bezogen auf Maßeinheit)	109
Materialressourcen mit Kosten nach Verbrauch + einmaliger Betrag für Kosten Einsatz,	109
Max. Einh.	79
mehrere Zeitachsen	59
Meilensteine planen/anlegen	55
Meilensteinen	33
Menüpunkt Freigabe	13
Microsoft Outlook	173
Microsoft-Excel	173
Microsoft-Powerpoint	173
Mind Manager	173
Multiprojektmanagement	149

N

Nachfolger	35
Nachschlagefelder	143

P

Plan- und Ist-Werte grafisch vergleichen	135
Plan- und Ist-Werte tabellarisch vergleichen	133
Prioritäten	25
Projekt-/Vorgangsansichten	125
Projektanfangstermin	23
Projektfortschreibung	139
Projektinformationen	23
Projektkontrolle/-überwachung	131
Projektportfolio	149, 157
Projektübersicht	141
PSP-Code	45
Pufferzeit	65
Pufferzeiten	65

R

Registerkarte Ansicht	19
Registerkarte Bericht	17
Registerkarte Datei	13
Registerkarte Format	19
Registerkarte Projekt	17
Registerkarte Ressource	15
Registerkarte Vorgang	15
RessourceTabelle	75
Ressourcen Vorgängen zuordnen	83
Ressourceneinsatz planen	73
Ressourcenplanung	73
Ressourcenpool erstellen	155
Rückwärtsberechnung	23

S

Sammelvorgang	41
Sammelvorgang zu Beginn des Projektes erstellen	41
Schnellzugriff anpassen	11
Schriftarten und Textformatierungen	15
Standardberichte	171
Standardsatz	79
Statusdatum	23
Stichtag festlegen	49

T

Tabellen	69
Teamplaner	15, 19, 99
Teilprojekt	149
Terminkonflikte	49
Top-Down Sammelvorgangsplanung	47

U

Überblick Programmstruktur und Aufbau	11
Übersicht grafische Berichte	161
Überstundensatz	79
Überwachungsfunktionen	131
Überwachungsinformationen auswerten	141
Unterprojekte/Teilprojekte	151

V

Verknüpfungen von Vorgängen	35
Vorgang herunterstufen	43
Vorgänge	27
Vorgänge strukturieren	41
Vorgänger	35
Vorgangsart	87
Feste Arbeit	97
Feste Dauer	93
Feste Einheiten	87
Vorgangsarten und Leistungssteuerung	87
Vorgangsbeziehungen	37
Vorgangsdauer	27
Vorgangseinschränkungen	49
Vorgangsnotizen	53
Vorgangsplanung	27
Vorgangsverknüpfung	27
Vorgangsverknüpfungen	35
Vorwärtsrechnungsrechnung	23

W

Was möchten Sie tun?	7
Weitere Tabellen	71

Z

Zeitachse	19, 57, 59
Zeitachsen	7, 59
Zusammenarbeit mit anderen Office-Programmen	173

Autor:

KLAUS OBERBÖRSCH, Jahrgang 1955

Seit über 30 Jahren IT-Erfahrung in div. Branchen, insgesamt 45 Jahre Berufserfahrung. Einführung von MS-Project Server, u. a. bei SAP, FinanzIT. Seit 25 Jahren Trainer für Microsoft Project.

Zertifizierungen im Bereich Projektmanagement: GPM-IPMA – Projektmanagementfachmann, Prince2, ASQF Certified Professional für Project Management

Zertifizierungen im Bereich IT, Softwareengineering und Testen: ISTQB Certified Tester Foundation Level, ISTQB Advanced Level Testmanager, Fachkaufmann für DV-Organisation und Datenkommunikation (IHK), Versicherungskaufmann (IHK)

Aktuell als akkreditierter Senior Executive Trainer mit der Durchführung von Zertifizierungslehrgängen ISTQB Certified Tester Foundation Level, ISTQB Advanced Level Testmanager und ASQF Project Management mit überdurchschnittlichen Bestehensquoten europaweit tätig.

Danke an meine Frau Karin, die das Dokument kritisch überarbeitet und mir viel Freiraum für die Ausarbeitung gelassen hat.

Printed in Poland
by Amazon Fulfillment
Poland Sp. z o.o., Wrocław